cocina práctica

carnes

riquísimas

TRIDENT
PRESS
INTERNATIONAL

créditos

Publicado por:
TRIDENT PRESS INTERNATIONAL
801 12th Avenue South, Suite 400
Naples, Fl 34102 USA
Copyright©Trident Press International 2003
Tel: + 1 239 649 7077
Fax: + 1 239 649 5832
Email: tridentpress@worldnet.att.net
Sitio web: www.trident-international.com

Cocina práctica, Carnes riquísimas

Fotografías: Warren Webb, Andrew Elton,
Quentin Bacon, Per Ericson, Paul Grater,
Ray Joice, John Stewart, Ashley Mackevicius,
Harm Mol, Yanto Noerianto, Andy Payne.
Producción fotográfica: Wendy Berecry,
Michelle Gorry, Donna Hay.
Desarrollo de recetas: Ellen Argyriou,
Sherlyle Eastwood, Lucy Kelly, Donna Hay,
Annekka Mitchell, Penelope Peel,
Jody Vassallo, Lukie Werle.

EDICIÓN EN ESPAÑOL
Producción general: Isabel Toyos
Traducción: Estela Otero
Adaptación de diseño: Mikonos, Comunicación Gráfica
Corrección y estilo: Aurora Giribaldi y Marisa Corgatelli

Incluye índice
ISBN 158279488X
EAN 9781582794884

Edición impresa en 2003
Computer Typeset in Humanist 521 & Times New Roman

Impreso en Colombia

Contenido

Introducción
4

Guía para comprar carne
5

Técnicas de cocción
6

Deleites saludables
8

Cocina campestre
28

Platillos rendidores
40

Barbacoas
52

Sabores exóticos
64

Pesos & medidas
78

Índice
80

Carne magra de res, cordero, cerdo, ternera... todas tienen un papel importante en la dieta balanceada. Últimamente existe cierta preocupación acerca de la grasa y el colesterol que contienen las carnes; sin embargo, estudios recientes demuestran que, siempre que el corte elegido sea magro y el tamaño de la porción se mantenga en 125 g/4 oz, las carnes son un valioso aporte a nuestra dieta. Este libro presenta una variedad de recetas aptas para el menú diario y para ocasiones especiales, y todas ellas sacan buen partido de la carne.

La carne magra de res o ternera y el cordero desgrasado son alimentos muy nutritivos con características únicas. Bajas en grasas, pero ricas en proteínas de alta calidad y vitaminas y minerales esenciales, las carnes rojas magras contribuyen a mantener la salud.

Uno de los beneficios más importantes desde el punto de vista nutricional es que la carne proporciona hierro. Éste es indispensable para transportar el oxígeno por todo el cuerpo, mediante la corriente sanguínea. Si no ingiere suficiente hierro puede sentirse cansado, con poca energía e incluso ponerse anémico.

La carne magra de res o ternera y el cordero desgrasado están entre los alimentos más ricos en hierro, en su forma llamada "hemo-hierro", la que mejor aprovecha nuestro organismo. Además, el hierro de la carne maximiza el valor del "hierro no-hemo", que es más pobre y proviene de alimentos de origen vegetal como verduras, frutas secas, legumbres y granos.

Una porción promedio de carne roja magra no sólo eleva el nivel de hierro; también suministra hasta la mitad del requerimiento diario de zinc, otro mineral esencial para los seres humanos, necesario para el crecimiento, la reproducción, los procesos curativos y el buen funcionamiento del sistema inmunológico.

Esa porción de carne también está colmada de vitaminas. Proporciona en cantidades importantes las valiosas tiamina, riboflavina, niacina, vitamina B6 y B12, que ayudan a obtener energía de los alimentos y a mantener el cuerpo saludable.

Asimismo, provee proteínas de alta calidad, esenciales para la formación y reparación de todas las células del organismo. La proteína de la carne se adecua perfectamente a las necesidades del cuerpo, dado que contiene los ocho aminoácidos esenciales, los "materiales de construcción" de las proteínas, que se precisan todos los días.

La carne magra de res o ternera y el cordero desgrasado constituyen una combinación única de nutrientes esenciales en una presentación versátil, baja en grasas. Aportan sabor y nutrición a cualquier platillo.

guía
para comprar carne

Cuando vaya de compras, siga estos consejos para asegurarse de adquirir carne de la mejor calidad.

Calcule 125 g/4 oz de carne magra deshuesada por porción. Las carnes de cordero y de res deben tener color rojo brillante y aspecto fresco. La de cerdo debe ser pálida y de olor dulzón, no pegajosa ni con rastros de sangre.

Elija carne magra, pero si presenta algo de grasa, ésta debe ser de color crema pálido.

En climas cálidos, lleve una bolsa de compras aislante para que la carne se conserve fría hasta que pueda refrigerarla en casa.

Guía para conservar carne

Estos consejos le asegurarán que la carne que compre se conserve en el mejor estado por el máximo de tiempo.

La carne fresca se debe guardar lo más seca posible, no mantenerse sobre su propio jugo. Ubíquela en el sector más frío del refrigerador; en caso de no contar con un compartimento especial para carnes, será el estante inferior.

Cuantos más cortes y preparación haya sufrido la carne, menor será el tiempo de conservación. Por ejemplo, la carne molida tiene una duración más corta que los bistecs.

Para conservar la carne en el refrigerador, apoye una rejilla de acero inoxidable o de plástico sobre una fuente profunda, en caso de que la carne gotee. Desempaque la carne y colóquela sobre la rejilla, sin apilar más de tres capas. Cúbrala flojamente con papel de aluminio o papel encerado.

Si su refrigerador posee un compartimento especial para almacenar carne, desempaque la carne, acomódela en pilas de no más de tres capas y cúbrala flojamente con papel de aluminio o papel encerado.

Si la carne se va a consumir dentro de los dos días de comprada, se puede dejar en su envase original. Ubique el paquete en el compartimento especial para carne o en el sector más frío del refrigerador.

La carne que se guardó dos o tres días en el refrigerador será más tierna que la que se consuma en el día, porque las enzimas naturales ablandan las fibras musculares.

Siempre conserve la carne cruda alejada de la cocida, o de otros alimentos cocinados. Si su refrigerador no incluye un compartimento especial para carne, almacene la carne cruda en la parte inferior del refrigerador y la cocida en un anaquel más alto. De esta manera se evita que la carne cruda gotee sobre la cocida y disminuye la posibilidad de contaminación.

Tanto la carne cruda como la cocida se conservan bien en el frigorífico; pero, igual que cualquier otro alimento, debe estar en perfectas condiciones antes de congelarla. Corte la carne cruda en las porciones necesarias para una sola comida. Es más sencillo y económico retirar dos paquetes extra del frigorífico para más comensales que cocinar cantidades mayores porque se prepararon paquetes grandes. Si la carne se compra envasada, desempáquela y vuelva a envasarla en bolsas para frigorífico o recipientes apropiados.

Guía de conservación

Carne molida y salchichas	2 días
Carne de res, cordero o cerdo en cubos	3 días
Bistecs y rebanadas gruesas	4 días
Piezas para asar (con hueso)	3-5 días
Piezas para asar (deshuesadas y enrolladas)	2-3 días
Carne curada de res o de cerdo	7 días

técnicas
de cocción

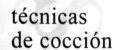
Las técnicas de cocción se pueden agrupar en métodos por calor seco y por calor húmedo.

Los métodos por calor húmedo incluyen guisos, braseados, estofados, preparaciones a la cacerola y cocciones prolongadas. Los de calor seco, sofritos, salteados, empanados y otras cocciones en sartén; barbacoas y cocciones a la parrilla o las brasas, y asados al horno.

La siguiente es una guía para elegir el corte adecuado según el método de cocción.

1. Cazuelas, guisos, braseados, estofados, preparaciones a la cacerola y cocciones prolongadas en general

Res: espaldilla, falda, nalga, ossobuco, paleta, pecho, pecho curado, carne curada

Cordero: chuletas, hombro, jarrete

Ternera: chuletas, jarrete, paleta

Cerdo: bistec de pierna, paleta, cerdo curado

2. Sofritos, salteados, empanados, cocciones en sartén en general

Res: asado de costilla, bistec de lomo, chuletas, bistec T-bone, lomo, nalga, paleta

Cordero: chuletas, costillar deshuesado, costillitas, lomo, paleta deshuesada, pierna deshuesada

Ternera: chuletas, escalopes, lomo

Cerdo: bistec de pierna, bistec mariposa, chuletas, costillitas, escalopes, paleta, solomillo

3. Barbacoas y cocciones a la parrilla o a las brasas en general

Res: asado de costilla, chuletas, bistec T-bone, lomo, nalga

Cordero: chuletas, costillar, paleta, pierna

Ternera: bistecs, chuletas

Cerdo: bistec de pierna, bistec mariposa, costillar, chuletas, costillas, costillitas, escalopes, lomo, solomillo

4. Asados al horno

Res: asado de costilla, chuletas, lomo, nalga, paleta

Cordero: corona, costillar, jarrete, lomo, paleta, pecho, pierna

Ternera: costillar, lomo, paleta, pata

Cerdo: costillar, escalopes, hombro, lomo, pierna, solomillo

Medidas de seguridad

El estilo informal de la barbacoa a veces lleva a un manejo descuidado de los alimentos, que puede derivar en inesperados problemas de salud. Siga estas sencillas reglas para una comida sin riesgos.

Preparación

- *No manipular carne cocida y cruda al mismo tiempo, ya que esto facilita el pasaje de bacterias de la carne cruda a la cocida.*

- *Lavar bien con agua jabonosa todos los utensilios y tablas que se emplearon para cortar la carne cruda, antes de usarlos para la carne cocida.*

- *Lavarse bien las manos después de preparar la carne cruda, y con frecuencia mientras se elaboran los platillos.*

- *Para descongelar alimentos, retirarlos de su envoltura y ubicarlos en una rejilla apoyada sobre una fuente. Cubrir flojamente con film y colocar en el refrigerador hasta descongelar. Los alimentos deben estar por completo descongelados antes de cocinarlos; esto es particularmente importante para los que se destinan a barbacoas y para los que tendrán poco tiempo de cocción.*

- *No descongelar los alimentos a temperatura ambiente, sobre todo en los meses cálidos; se crearían las condiciones ideales para la proliferación de bacterias. Y si luego no se cocina suficiente tiempo, o no se alcanza la temperatura interna necesaria para matar las bacterias, existe el riesgo de intoxicación alimentaria.*

- *Cocer los alimentos en cuanto se terminen de descongelar.*

kebabs de cerdo y naranja

deleites saludables

Una alimentación adecuada es fundamental

para la salud. Influye en la vitalidad, el peso corporal y la capacidad de combatir infecciones y graves enfermedades. Este capítulo reúne ingredientes que ayudarán a que usted y su familia adopten un estilo de comer más sano.

kebabs
de cerdo y naranja

Foto en página 9

Preparación

1 Para la marinada, colocar en un bol los jugos de naranja y de limón, el ajo, el puré de tomates, la cebolla, el aceite y la miel. Mezclar bien para unir.

2 Incorporar la carne de cerdo y remover para cubrirla con la marinada. Dejar reposar 1 hora.

3 Precalentar la barbacoa a temperatura media.

4 Ensartar en palillos de bambú levemente aceitados los cubos de cerdo, de naranja y de pimiento, en forma alternada. Colocar sobre la parrilla de la barbacoa ligeramente aceitada. Cocinar 5-6 minutos de cada lado o hasta que el cerdo esté cocido, mientras se pincela cada tanto con la marinada.

4 porciones

ingredientes

500 g/1 lb de solomillo de cerdo, en cubos de 2 $^1/_2$ cm/1 in
2 naranjas, sin cáscara ni hollejo blanco, en cubos de 2 $^1/_2$ cm/1 in
1 pimiento rojo, en cubos de 2 $^1/_2$ cm/1 in

<u>Marinada de naranja</u>
$^1/_4$ taza/60 ml/2 fl oz de jugo de naranja
2 cucharadas de jugo de limón
2 dientes de ajo, machacados
3 cucharadas de puré de tomates
1 cebolla, rallada
1 cucharada de aceite de oliva
2 cucharadas de miel

ossobuco

Preparación

1 Calentar el aceite en una sartén grande y cocinar a fuego medio los pimientos y las cebollas, 10 minutos o hasta que las cebollas estén transparentes. Retirar con una espumadera y reservar. Aparte, enharinar la carne y sacudir el exceso de harina. Añadir la mantequilla a la sartén y calentar hasta que se forme espuma. Agregar la carne y cocinar 4-5 minutos de cada lado, o hasta que se dore.

2 Verter en la sartén el vino y el caldo. Llevar a hervor, revolviendo para despegar el fondo de cocción. Dejar hervir hasta que se reduzca a la mitad. Incorporar los tomates junto con las cebollas y los pimientos reservados. Tapar y cocer a fuego lento 1 hora o hasta que la carne se separe del hueso. Sazonar a gusto con pimienta negra y esparcir el perejil.

4 porciones

ingredientes

1 cucharada de aceite de oliva
2 pimientos rojos, en tiras
2 cebollas, picadas
4 tajadas gruesas de ossobuco
$^1/_2$ taza/60 g/2 oz de harina
30 g/1 oz de mantequilla
$^1/_2$ taza/125 ml/4 fl oz de vino blanco seco
$^1/_2$ taza/125 ml/4 fl oz de caldo de pollo
440 g/14 oz de tomates en lata, triturados con su jugo
pimienta negra recién molida
1 cucharada de perejil fresco picado

sopa
de cordero al curry

Preparación

1 Colocar en un bol los guisantes partidos y cubrirlos con agua. Dejar reposar 10 minutos.

2 En una olla grande, calentar el aceite. Cocinar el cordero 5-6 minutos o hasta que se dore de todos lados. Agregar el ajo, la cebolla y el curry. Cocinar, revolviendo, 5 minutos más. Escurrir los guisantes y añadirlos a la olla junto con el agua hirviente. Llevar a hervor y espumar la superficie. Bajar la llama y cocinar a fuego lento 1 hora.

3 Retirar el cordero de la olla y dejarlo enfriar. Deshuesarlo y cortar la carne en trozos parejos. Retirar los guisantes de la sopa y procesarlos o licuarlos hasta obtener una textura lisa. Volver a colocar en la olla el puré de guisantes y la carne. Añadir la menta y las zanahorias y revolver. Cocinar 5 minutos. Agregar el apio, la leche de coco, el jugo de limón y pimienta negra a gusto. Cocinar a fuego medio, sin que llegue a hervir, 3-5 minutos.

4 porciones

ingredientes

185 g/6 oz de guisantes amarillos partidos, lavados
2 cucharadas de aceite
375 g/12 oz de jarretes de cordero, en mitades
3 dientes de ajo, machacados
1 cebolla, finamente picada
2 cucharadas de curry en polvo
5 tazas/1 ¹/₄ litro/¹/₂ pt de agua hirviente
2 cucharadas de menta fresca, picada
2 zanahorias, en cubos
2 tallos de apio, rebanados
¹/₂ taza/125 ml/4 fl oz de leche de coco
1 cucharada de jugo de limón
pimienta negra recién molida

sopa
con albóndigas a la albahaca

Foto en página 13

Preparación

1 *Para las albóndigas, colocar en un bol la carne molida, el huevo, el pan molido, el queso parmesano, la albahaca, la salsa de tomate, el ajo y la cebolla. Mezclar bien para unir. Con las manos húmedas, formar esferitas con la mezcla. Ubicar las albóndigas en una fuente forrada con film. Refrigerar 30 minutos.*

2 *Calentar el aceite en una sartén grande y cocinar las albóndigas 10 minutos, o hasta que estén cocidas en el interior y doradas en toda la superficie. Agregar las zanahorias. Cocinar 3 minutos más.*

3 *Verter el caldo en una olla grande y llevar a hervor. Agregar los vermicelli y cocinar 4-5 minutos, hasta que estén tiernos. Añadir las zanahorias y las albóndigas. Sazonar a gusto con pimienta negra. Cocinar 4-5 minutos más.*
Nota: Las albóndigas para esta sopa también son deliciosas con tomillo, romero o perejil o una mezcla de hierbas.

4 porciones

ingredientes

**1 cucharada de aceite de oliva
2 zanahorias, en juliana
4 tazas/1 litro/1 ³/₄ pt de caldo de res
125 g/4 oz de vermicelli
pimienta negra recién molida**

Albóndigas a la albahaca
**250 g/8 oz de carne magra de res, molida
1 huevo, ligeramente batido
3 cucharadas de pan seco molido
2 cucharadas de queso parmesano rallado
1 cucharada de albahaca fresca, finamente picada, o 1 cucharadita de albahaca seca
1 cucharada de salsa de tomate
3 dientes de ajo, machacados
1 cebolla, finamente picada**

sopa
de guisantes con jamón

Foto en página 13

Preparación

1 *Calentar la mantequilla y el aceite en una olla grande. Cocinar el ajo, la cebolla y los hongos 3 minutos. Añadir el caldo y la páprika y revolver. Llevar a hervor. Bajar la llama y cocinar a fuego lento 10 minutos.*

2 *Incorporar el apio, la lechuga y los guisantes. Cocinar 5 minutos más, hasta que los guisantes estén tiernos. Agregar el jamón, el pimiento, el perejil y pimienta negra a gusto y revolver. Cocinar 3-4 minutos.*

4 porciones

ingredientes

**15 g/¹/₂ oz de mantequilla
1 cucharada de aceite de oliva
2 dientes de ajo, machacados
1 cebolla, finamente picada
125 g/4 oz de champiñones, rebanados
4 tazas/1 litro/1 ³/₄ pt de caldo de pollo
¹/₂ cucharadita de páprika
3 tallos de apio, picados
10 hojas grandes de lechuga, en fina juliana
250 g/8 oz de guisantes frescos o congelados
125 g/4 oz de jamón, en cubitos
¹/₄ pimiento rojo, finamente picado
2 cucharadas de perejil fresco picado
pimienta negra recién molida**

carne
a la cerveza

Preparación

1 Calentar el aceite en una sartén antiadherente grande y cocinar a fuego vivo la carne, hasta que se dore de todos lados. Pasarla a una cazuela grande apta para llama.

2 En la sartén cocinar las cebollas y las zanahorias a fuego medio 4-5 minutos, hasta que las cebollas comiencen a ablandarse. Incorporar la harina y cocinar 1 minuto, revolviendo. Agregar la cerveza y $^1/_2$ taza/125 ml/4 fl oz de caldo. Cocinar 3-4 minutos y revolver para despegar el fondo de cocción. Verter el caldo restante y agregar el ajo, el jengibre, la miel, la cáscara de naranja y pimienta negra a gusto.

3 Verter la mezcla de caldo sobre la carne. Tapar y cocinar 1 $^3/_4$-2 horas, hasta que la carne esté tierna.

4 porciones

ingredientes

2 cucharadas de aceite
750 g/1 $^1/_2$ lb de nalga de res magra, en cubos de 2 $^1/_2$ cm/1 in
2 cebollas, picadas
2 zanahorias, en rodajas de 1 cm/$^1/_2$ in
2 cucharadas de harina
$^1/_2$ taza/125 ml/4 fl oz de cerveza
2 tazas/500 ml/16 fl oz de caldo de res
2 dientes de ajo, machacados
1 cucharada de jengibre fresco rallado
2 cucharadas de miel
1 cucharada de cáscara de naranja finamente rallada
pimienta negra recién molida

Temperatura del horno 210°C/420°F/Gas 7

pastel
de carne y riñones

Preparación

1 *Colocar en una bolsa plástica la carne, los riñones y la harina. Sacudir para empolvar; eliminar el exceso de harina. Calentar el aceite en una sartén grande y cocinar a fuego vivo la carne y los riñones, revolviendo, hasta dorar de todos lados. Bajar la llama a mediana. Agregar el ajo y las cebollas y cocinar 3 minutos más. Incorporar la mostaza, el perejil, la salsa Worcestershire, el caldo y el extracto de tomate. Llevar a hervor suave y tapar la sartén. Cocinar a fuego lento, revolviendo de tanto en tanto, 2 1/2 horas, hasta que la carne esté tierna. Retirar del fuego y dejar enfriar.*

2 *Disponer el relleno ya frío en una fuente refractaria ovalada de 4 tazas/1 litro/ 1 3/4 pt de capacidad. Sobre una superficie ligeramente enharinada, extender la masa formando un óvalo 5 cm/2 in más grande que la fuente; recortar del contorno una tira de 1 cm/1/2 in. Pincelar el borde de la fuente con agua y adherir la tira de masa, presionando. Pincelar la tira con agua, ubicar el óvalo de masa sobre el relleno y presionar levemente para sellar el contorno; hacer pellizcos para lograr un repulgo decorativo. Pincelar con leche. Hornear 30 minutos o hasta que la masa esté dorada y crujiente.*

6 porciones

ingredientes

1 kg/2 lb de nalga magra de res, en cubos de 2 1/2 cm/1 in
6 riñones de cordero o 1 riñón de res, sin la parte central, groseramente picados
4 cucharadas de harina
1 cucharada de aceite
2 dientes de ajo, machacados
2 cebollas, picadas
1/2 cucharadita de mostaza en polvo
2 cucharadas de perejil fresco picado
2 cucharadas de salsa Worcestershire
1 1/2 taza/375 ml/12 fl oz de caldo de res
2 cucharaditas de extracto de tomate
375 g/12 oz de masa de hojaldre
2 cucharadas de leche

carne
envuelta en masa

Foto en página 17

Preparación

1 Calentar la mitad de la mantequilla en una sartén grande. Cuando cruja, agregar la carne y cocinar a fuego medio 10 minutos, girándola para que se dore en toda su superficie. Retirar de la sartén y dejar enfriar por completo.

2 Derretir el resto de la mantequilla y cocinar la cebolla 5 minutos, hasta que esté tierna. Añadir los champiñones y cocinar, revolviendo, 15 minutos, hasta que suelten su jugo y éste se evapore. Sazonar a gusto con pimienta negra y nuez moscada e incorporar el perejil. Dejar enfriar por completo.

3 Extender la masa formando un rectángulo 10 cm/4 in más largo que la pieza de carne y del ancho suficiente para envolverla. Esparcir la mezcla de champiñones en el centro de la masa y acomodar la carne encima. Recortar las esquinas del rectángulo de masa. Pincelar los bordes con huevo. Envolver la carne con la masa, como un paquete, doblando los extremos hacia abajo. Ubicarla en una bandeja para horno ligeramente engrasada. Llevar al frigorífico 10 minutos.

4 Extender los sobrantes de masa y cortar tiras de 10 x 30 cm/4 x 12 in de largo y 1 cm/¹/₂ in de ancho. Retirar del frigorífico la carne envuelta en masa. Pincelar con huevo toda la superficie, disponer sobre ella 5 tiras de masa al sesgo y cruzar con las tiras restantes. Pincelar con huevo sólo las tiras. Hornear 30 minutos para que la carne resulte rosada en el centro. Pasar a una fuente precalentada y dejar reposar en lugar tibio 10 minutos.

5 Para la salsa, colocar el vino en una cacerolita y cocinar a fuego medio hasta que se reduzca a la mitad. Añadir el tomillo, el perejil y pimienta negra a gusto. Retirar del fuego y agregar de a uno los trocitos de mantequilla, batiendo rápidamente para integrarlos; verificar que cada uno se derrita y se mezcle antes de agregar otro. Incorporar, batiendo, el almidón de maíz disuelto. Cocinar a fuego medio, revolviendo, hasta que la salsa espese. Servir con la carne rebanada.

6 porciones

ingredientes

60 g/2 oz de mantequilla
**I kg/2 lb de lomo de res desgrasado,
en una pieza**
I cebolla, picada
**375 g/12 oz de champiñones,
finamente picados**
pimienta negra recién molida
una pizca de nuez moscada molida
I cucharada de perejil fresco picado
500 g/1 lb de masa de hojaldre
I huevo, ligeramente batido

Salsa de vino tinto
I taza/250 ml/8 fl oz de vino tinto
**I cucharadita de tomillo fresco
finamente picado, o ¹/₄ cucharadita
de tomillo seco**
**I cucharadita de perejil fresco
finamente picado**
**100 g/3 ¹/₂ oz de mantequilla,
en trocitos**
**2 cucharaditas de almidón de maíz
disuelto en I cucharada de agua**

cordero
con salsa satay

Preparación

1. Precalentar la barbacoa a temperatura media.
2. En un bol grande colocar el cordero, el perejil, el orégano, el comino, el extracto de tomate, las cebollas, el pan molido y las claras. Mezclar bien para unir. Dividir la mezcla en ocho partes y formar albóndigas alargadas. Insertar cada una en un palillo de bambú levemente aceitado.
3. Cocinar 10 minutos sobre la parrilla o la plancha de la barbacoa ligeramente aceitada. Dar vuelta con frecuencia hasta que el interior esté cocido.
4. Para la salsa, calentar el aceite en una ollita y cocinar a fuego medio el ajo y la cebolla 1 minuto. Revolver mientras se incorporan la mantequilla de maní, el extracto de tomate, el chutney, el jerez, el jugo de limón, la leche de coco, el coriandro y el chile en pasta. Cocinar a fuego bajo, revolviendo continuamente, 10 minutos o hasta que la salsa espese ligeramente. Servir con las brochetas.

8 unidades

ingredientes

750 g/1 ¹/₂ lb de carne magra de cordero, molida
3 cucharadas de perejil fresco picado
1 cucharadita de orégano seco
2 cucharaditas de comino molido
2 cucharadas de extracto de tomate
2 cebollas, ralladas
³/₄ taza/90 g/3 oz de pan seco molido
2 claras, ligeramente batidas

Salsa satay
1 cucharada de aceite de maní
2 dientes de ajo, machacados
1 cebolla, finamente picada
4 cucharadas de mantequilla de maní crocante
1 cucharadita de extracto de tomate
2 cucharadas de chutney dulce de fruta
2 cucharadas de jerez seco
1 cucharada de jugo de limón
4 cucharadas de leche de coco
2 cucharaditas de coriandro molido
1 cucharadita de chile en pasta
(sambal oelek)

brochetas
de ternera y albaricoque

Preparación

1 *Para la marinada, colocar en el procesador o licuadora el yogur, la cebolla, el ajo, el chile en pasta, el jugo de lima, el comino y el cilantro. Procesar hasta integrar bien. Pasar la mezcla a un bol grande. Incorporar la carne y los albaricoques. Mezclar, tapar y dejar marinar 2 horas.*

2 *Precalentar la barbacoa a temperatura media. Escurrir la carne y los albaricoques y reservar la marinada. Ensartar en palillos de bambú levemente aceitados los cubos de carne y los albaricoques, en forma alternada. Cocinar 10 minutos sobre la parrilla de la barbacoa ligeramente aceitada, dando vuelta y pincelando con la marinada.*

4 porciones

ingredientes

375 g/12 oz de paleta de ternera, en cubos de 2 cm/³/₄ in
125 g/4 oz de albaricoques desecados

Marinada de chile y yogur
1 ¹/₂ taza/300 g/9 ¹/₂ oz de yogur natural
1 cebolla, rallada
2 dientes de ajo, machacados
2 cucharaditas de chile en pasta (sambal oelek)
1 cucharada de jugo de lima
1 cucharadita de comino molido
1 cucharada de cilantro fresco picado

risotto
de salchicha y tocino

Preparación

1 *Calentar el aceite en una sartén grande y agregar el tocino, la zanahoria y la cebolla. Freír 10 minutos, revolviendo de tanto en tanto. Incorporar los tomates, revolviendo. Bajar la llama y cocinar a fuego lento 15 minutos. Agregar el caldo y los frijoles. Retirar del fuego y dejar reposar.*

2 *Derretir la mantequilla en una cacerolita. Freír las salchichas junto con la salvia, el romero y el ajo 7 minutos. Revolver con frecuencia hasta que las salchichas comiencen a desmenuzarse.*

3 *Añadir el arroz y el vino. Revolver hasta que el líquido se evapore. Verter 250 ml/8 fl oz de la mezcla de caldo y frijoles. Cocinar hasta que el líquido se evapore.*

4 *Continuar agregando el caldo de la misma manera hasta que todo el líquido se absorba y el arroz esté tierno, unos 20 minutos. Agregar el pimiento picado y el queso parmesano y revolver.*

4 porciones

ingredientes

2 cucharadas de aceite de oliva
90 g/3 oz de tocino, picado
1 zanahoria pequeña, rebanada
1 cebolla, rebanada fina
2 latas de 410 g/13 oz de tomates, picados
600 ml/1 pt de caldo de pollo
185 g/6 oz de frijoles en lata, escurridos
30 g/1 oz de mantequilla
4 salchichas italianas, sin envoltura
$\frac{1}{2}$ cucharadita de salvia seca
$\frac{1}{2}$ cucharadita de romero seco
2 dientes de ajo, machacados
185 g/6 oz de arroz arborio
125 ml/4 fl oz de vino tinto
$\frac{1}{2}$ pimiento rojo o amarillo, groseramente picado
90 g/3 oz de queso parmesano rallado

cerdo
guisado con manzana

Preparación

1 Calentar la mantequilla en una sartén grande y cocinar a fuego medio las cebollas y la carne de cerdo 5 minutos. Incorporar las manzanas, las hierbas, el caldo y pimienta negra a gusto. Llevar a hervor, bajar la llama y cocinar a fuego lento 1 hora, hasta que el cerdo esté tierno. Retirar la carne de cerdo con una espumadera y reservar.

2 Pasar todo el contenido de la sartén por un tamiz y volver a colocar en la sartén junto con el cerdo.

3 Para la salsa, derretir la mantequilla en una sartén y cocinar las manzanas a fuego medio 2 minutos. Agregar el cebollín y los tomates y revolver. Llevar a hervor, bajar la llama y cocinar a fuego lento 5 minutos. Verter la salsa en la sartén de la carne de cerdo. Cocinar todo a fuego medio 5 minutos más. Justo antes de servir, espolvorear con los granos de pimienta partidos.

4 porciones

ingredientes

30 g/1 oz de mantequilla
2 cebollas, picadas
500 g/1 lb de paleta de cerdo, en cubos
3 manzanas grandes, peladas, sin semillas y picadas
1 cucharada de hierbas secas surtidas
3 tazas/750 ml/1 ¼ pt de caldo de pollo
pimienta negra recién molida

Salsa de manzana
30 g/1 oz de mantequilla
2 manzanas, peladas, sin semillas y picadas
2 cucharadas de cebollín fresco tijereteado
440 g/14 oz de tomates en lata, escurridos y triturados
1 cucharadita granos de pimienta negra, partidos

costillitas
de cerdo a la plancha

Preparación

1 *Calentar una plancha de hierro aceitada. Cocinar las costillitas 5 minutos de cada lado, hasta que estén doradas.*

2 *Para la salsa, colocar en una cacerolita los frutas rojas y cubrir con el vino. Agregar la miel, la sal y las especias y dejar reducir a fuego lento.*

3 *Cocinar la pasta al dente en abundante agua hirviente con sal, según las instrucciones del paquete. Escurrir y reservar.*

4 *Calentar una sartén o wok y saltear brevemente las zanahorias, las calabacitas y el pimiento con la mantequilla y el aceite. Salpimentar.*

5 *Servir 2 costillitas por persona y acompañar con una porción de pasta, una porción de verduras y 1 cucharada de salsa. Decorar con hojas de albahaca.*

4 porciones

ingredientes

8 costillitas de cerdo
400 g/13 oz de pasta seca
2 zanahorias, en tiras
2 calabacitas, en tiras
1 pimiento amarillo, en tiras
1 cucharada de mantequilla
2 cucharadas de aceite de oliva
sal y pimienta negra recién molida
hojas de albahaca fresca

<u>Salsa de frutas rojas</u>
285 g/6 oz de frutas rojas
1 vaso de vino blanco
1 cucharadita de miel
1 cucharadita de sal
1 cucharadita de canela en polvo
pimienta recién molida

pastel
del pastor

Preparación

1 *Calentar el aceite en una sartén grande a fuego medio. Agregar la cebolla y cocinar, revolviendo, 2-3 minutos, hasta que esté tierna. Añadir la carne y revolver. Disolver la harina en una pequeña cantidad del caldo o agua, formando una pasta suave. Agregar a la sartén la mezcla de harina, el resto del caldo o agua y los tomates, revolviendo continuamente, y llevar a hervor. Incorporar los guisantes, el extracto de tomate y la salsa Worcestershire. Cocinar a fuego lento, revolviendo con frecuencia, 5 minutos o hasta que la preparación espese. Verter por cucharadas dentro de una fuente refractaria o en cazuelitas refractarias individuales.*

2 *Para la cubierta, colocar en una olla las papas y cubrirlas con agua fría. Llevar a hervor. Bajar la llama, tapar la olla y cocinar a fuego lento 15-20 minutos, hasta que las papas estén tiernas. Escurrir bien. Agregar la leche o crema y pimienta negra a gusto; hacer un puré. Cubrir la preparación de carne con el puré de papas y esparcir el queso rallado y el pan molido. Hornear 15-20 minutos, hasta que la superficie se dore.*

4 porciones

ingredientes

1 cucharada de aceite de oliva
1 cebolla, picada
500 g/1 lb de carne de res, cordero, cerdo o pollo, cocida y picada
1 cucharada de harina
¹/₂ taza/125 ml/4 fl oz de caldo de res, o agua
440 g/14 oz de tomates en lata, escurridos y triturados
60 g/2 oz de guisantes congelados
2 cucharadas de extracto de tomate
1 cucharada de salsa Worcestershire

Cubierta de papa y queso
3 papas, picadas
¹/₄ taza/60 ml/2 fl oz de leche o crema doble
pimienta negra recién molida
60 g/2 oz de queso sabroso (cheddar maduro), rallado
¹/₄ taza/30 g/1 oz de pan seco molido

rollitos
frutales de cerdo

Preparación

1 Para el relleno, colocar en el procesador los piñones, las ciruelas secas, los albaricoques, el jengibre, la salvia, el chutney, el tocino, el coñac y pimienta negra a gusto. Procesar hasta que todo esté finamente picado.

2 Abrir los bistecs mariposa y aplanarlos con el mazo para carnes hasta dejarlos de unos 5 mm/^{1}/$_4$ in de espesor. Distribuir sobre ellos el relleno, enrollar apretadamente y atar con hilo.

3 En una olla grande colocar el caldo, el apio y las cebollas. Llevar a hervor. Agregar los rollitos de cerdo. Tapar la olla y cocinar a fuego lento 20 minutos, hasta que el cerdo esté cocido. Pasar los rollitos a una fuente y dejar entibiar. Tapar y refrigerar 2-3 horas. Para servir, cortar en rebanadas.

6 porciones

ingredientes

4 bistecs mariposa magros de cerdo
2 tazas/500 ml/15 fl oz de caldo de res
4 tallos de apio, picados
2 cebollas, picadas

Relleno frutal
60 g/2 oz de piñones
100 g/3 ^{1}/$_2$ oz de ciruelas secas, sin hueso
60 g/2 oz de albaricoques desecados
1 cucharada de jengibre fresco rallado
1 cucharadita de salvia fresca picada
3 cucharadas de chutney de fruta
4 lonjas de tocino, picadas
3 cucharadas de coñac
pimienta negra recién molida

carpaccio
con mayonesa a la mostaza

Preparación

1 Desgrasar por completo la carne y cortarla en lonjas delgadas como una oblea. Disponer en cuatro platos las lonjas de carne, las hojas de lechuga y el berro, de manera decorativa. Espolvorear con el queso parmesano.

2 Para la mayonesa, colocar en el procesador el huevo, el jugo de limón, el ajo y la mostaza. Procesar hasta integrar bien. Sin detener la máquina, añadir lentamente el aceite y continuar procesando hasta que la mayonesa espese. Sazonar a gusto con pimienta negra. Verter unas cucharadas de mayonesa sobre el carpaccio y servir de inmediato.

Nota: Para conseguir lonjas muy delgadas, envolver el lomo en film y colocarlo en el frigorífico 15 minutos, hasta que se endurezca; luego rebanarlo con un cuchillo muy afilado.

4 porciones

ingredientes

500 g/1 lb de lomo de ternera, en una pieza
1 lechuga, las hojas separadas y lavadas
1 atado/250 g/8 oz de berro
90 g/3 oz de queso parmesano, rallado

Mayonesa a la mostaza
1 huevo
1 cucharada de jugo de limón
2 dientes de ajo, machacados
2 cucharaditas de mostaza de Dijon
$^{1}/_{2}$ taza/125 ml/4 fl oz de aceite de oliva
pimienta negra recién molida

strudel
de cordero y espinaca

Preparación

1 *Calentar 2 cucharadas de aceite en una sartén grande. Cocinar a fuego vivo la cebolla y el cordero 4-5 minutos o hasta que el cordero esté dorado. Agregar los hongos y cocinar 2 minutos más. Pasar la preparación a un bol grande. Incorporar la mostaza, la espinaca, el pimiento rojo, el perejil y el pan molido; mezclar.*

2 *Doblar las láminas de masa filo por la mitad, pincelarlas con el aceite restante y super-ponerlas. Disponer el relleno junto al lado más corto de la masa, dejando libre un borde de 3 cm/1 1/4 in. Modelar el relleno en forma de cilindro, doblar los bordes más largos de la masa hacia adentro y enrollar.*

3 *Ubicar el strudel, con la unión de la masa hacia abajo, en una bandeja para horno ligeramente engrasada. Pincelarlo con aceite y esparcir las semillas de ajonjolí. Hornear 40 minutos o hasta que la masa esté dorada.*

4 porciones

ingredientes

3 cucharadas de aceite
1 cebolla, finamente picada
375 g/12 oz de carne de cordero magra, picada
185 g/6 oz de hongos, finamente picados
2 cucharadas de mostaza alemana
200 g/6 1/2 oz de espinaca congelada, escurrida y picada
1 pimiento rojo, finamente picado
2 cucharadas de perejil fresco picado
1/2 taza/30 g/1 oz de pan seco molido
6 láminas de masa filo
1 cucharada de semillas de ajonjolí

Temperatura del horno 180°C/350°F/Gas 4

costillar
de cerdo oriental

Preparación

1 Para la marinada, colocar en un bol las salsas hoisin, de tomate, de soja y de chile, la miel, el ajo, el jengibre y el polvo de cinco especias. Mezclar para unir bien. Agregar la carne de cerdo y remover para cubrirla. Tapar el recipiente y refrigerar 8 horas, o durante toda la noche.

2 Retirar la carne y reservar la marinada. Disponer la carne, sin encimar las piezas, en una rejilla apoyada sobre un trasto para horno. Hornear 40 minutos o hasta que esté tierna, pincelando de tanto en tanto con la marinada.

8 porciones

ingredientes

1 kg/2 lb de costillar de cerdo desgrasado, en piezas de 15 cm/6 in

<u>Marinada oriental</u>
¹/₄ taza/60 ml/2 fl oz de salsa hoisin
¹/₄ taza/60 ml/2 fl oz de salsa de tomate
2 cucharadas de salsa de soja
1 cucharadita de salsa de chile
¹/₄ taza/90 g/3 oz de miel
2 dientes de ajo, machacados
2 cucharaditas de jengibre fresco rallado
1 cucharadita de polvo de cinco especias

cocido de carne

cocina campestre

Con estas recetas de cocina campestre,

descubrirá qué fácil es hacer pasteles y masas hojaldradas, sopas nutritivas y platillos de cocción lenta para entibiar el corazón y saciar el apetito de toda la familia.

cerdo
con chucrut

Preparación

1 Derretir la mantequilla en una olla grande y cocinar a fuego medio la carne de cerdo, 3-4 minutos de cada lado o hasta que apenas cambie de color. Retirar de la olla y reservar.

2 Colocar en la olla las cebollas y las manzanas. Cocinar 4-5 minutos hasta que las cebollas estén tiernas. Agregar la páprika y la alcaravea y revolver. Cocinar a fuego medio 1 minuto. Sazonar con pimienta negra a gusto.

3 Mezclar el caldo con el vino y el extracto de tomate. Verter en la olla y cocinar a fuego medio, revolviendo continuamente para despegar el fondo de cocción. Llevar a hervor, bajar la llama y cocinar a fuego lento 10 minutos.

4 Volver a colocar la carne en la olla. Agregar el chucrut y revolver. Cocinar 2-3 minutos y retirar del fuego. Añadir la crema mientras se revuelve. Servir de inmediato.

6 porciones

ingredientes

30 g/1 oz de mantequilla
750 g/1 $^1/_2$ lb de solomillo de cerdo, rebanado
2 cebollas, rebanadas
2 manzanas verdes, peladas, sin semillas y rebanadas
2 cucharaditas de páprika
1 cucharadita de semillas de alcaravea
pimienta negra recién molida
$^3/_4$ taza/185 ml/6 fl oz de caldo de pollo
3 cucharadas de vino blanco seco
2 cucharadas de extracto de tomate
440 g/14 oz de chucrut envasado, escurrido
$^1/_2$ taza/125 g de crema agria

---

cocido
de carne

Foto en página 29

Preparación

1 Colocar la carne en una olla grande de fondo grueso. Añadir el azúcar morena, el vinagre, la menta, la cebolla, la pimienta en grano y agua hasta cubrir la carne. Llevar a hervor, bajar la llama y cocinar a fuego lento 1 $^1/_4$- 1 $^1/_2$ hora.

2 Agregar las zanahorias, las cebollas y las chirivías. Cocinar a fuego lento 40 minutos más, hasta que las hortalizas estén tiernas.

3 Para el glaseado, colocar en una cacerolita la jalea de grosella, el jugo de naranja y el Grand Marnier. Calentar a fuego bajo, revolviendo de tanto en tanto, hasta obtener una mezcla homogénea. Pasar la carne a una fuente, pincelarla con el glaseado y rebanarla. Servirla con las hortalizas y el glaseado restante.

Nota: Este cocido, sencillo y abundante, se puede acompañar con puré de papas y crema de rábano picante. Para prepararla, batir $^1/_2$ taza/125 ml/4 fl oz de crema hasta que se formen picos suaves e incorporar 3 cucharadas de aderezo de rábano picante, con movimientos envolventes. ¡Todos pedirán más!

6 porciones

ingredientes

1 $^1/_2$ kg/3 lb de carne curada de res
2 cucharadas de azúcar morena
1 cucharada de vinagre de manzana
2 ramitas de menta fresca
1 cebolla, pinchada con 4 clavos de olor
6 granos de pimienta
6 zanahorias pequeñas
6 cebollas pequeñas
3 chirivías, en mitades

Glaseado de grosella
$^1/_2$ taza/155 g de jalea de grosella
2 cucharadas de jugo de naranja
1 cucharada de licor Grand Marnier

sopa
de tocino y papa

Preparación

1 Colocar el tocino en una olla grande de fondo grueso. Cocinar a fuego medio 5 minutos, hasta que esté dorado y crujiente. Retirar de la olla y escurrir sobre papel absorbente.

2 En la misma olla, derretir la mantequilla. Cocinar a fuego bajo las cebollas, el apio y el tomillo, 4-5 minutos o hasta que las cebollas estén tiernas.

3 Volver a colocar el tocino en la olla. Incorporar la harina mientras se revuelve. Cocinar 1 minuto y retirar del fuego. Verter gradualmente el caldo, mezclando. Llevar a hervor y luego bajar la llama. Agregar las papas y cocinar 10 minutos, hasta que estén tiernas.

4 Retirar del calor y agregar, revolviendo, la crema agria y el perejil. Volver al fuego y cocinar 1-2 minutos, sin que llegue a hervir y revolviendo continuamente. Servir en cazuelas individuales. Salpicar con el cebollín y presentar de inmediato.

6 porciones

ingredientes

250 g/8 oz de tocino, picado
30 g/1 oz de mantequilla
2 cebollas grandes, picadas
4 tallos de apio, picados
2 cucharaditas de tomillo seco
2 cucharadas de harina
6 tazas/1 $^1/_2$ litro de caldo de pollo
2 papas grandes, en cubos
300 g/10 oz de crema agria
3 cucharadas de perejil fresco picado
2 cucharadas de cebollín fresco tijereteado

31

pastel
de cerdo a la inglesa

cocina
campestre

Preparación

1. Para la masa, poner en un bol grande la harina y la sal. Formar un hoyo en el centro.

2. Colocar en una cacerolita la grasa y el agua. Calentar a fuego medio hasta que la grasa se derrita y la mezcla hierva. Verter el líquido hirviente en el centro de la harina y mezclar para formar una masa firme. Volcarla sobre una superficie enharinada y amasar ligeramente hasta obtener una textura uniforme. Dejarla reposar, tapada, 10 minutos.

3. Amasar ligeramente dos tercios de la masa. Extenderla y tapizar la base y los costados de un molde desmontable de 20 cm/8 in de diámetro, engrasado. Hornear 15 minutos. Retirar del horno y dejar enfriar.

4. Para el relleno, combinar la carne de cerdo, la salvia y pimienta negra a gusto. Colocar esta mezcla, bien compacta, sobre la base de masa. Pincelar los bordes con la yema batida con agua.

5. Amasar la masa restante. Extenderla formando un disco de tamaño suficiente para cubrir el molde. Colocarlo sobre el relleno, recortar el sobrante y presionar el contorno para unirlo con la base de masa. Hacer una abertura circular de 2 1/2 cm/1 in en el centro de la tapa de masa. Pintar con el resto de yema batida. Hornear 30 minutos. Bajar la temperatura del horno a 160°C/325°F/Gas 3 y hornear 1 1/2 hora. Durante la cocción retirar con una cuchara el jugo que aparezca en la abertura de la tapa de masa. Retirar del horno y dejar enfriar en el molde 2 horas. Colocar en una cacerolita el consomé de pollo y calentarlo ligeramente a fuego medio. Verterlo gradualmente dentro del pastel, por la abertura de la tapa. Dejar enfriar. Mantener en el refrigerador toda la noche.

Nota: Éste es probablemente el más famoso de los pasteles ingleses. Se remonta al siglo XIV, época en la que incluían pasas de uva y grosellas. Sin duda será apreciado por todos, y es una deliciosa comida de picnic.

8 porciones

ingredientes

Temperatura del horno 150°C/475°F/Gas 9

Masa
3 tazas/375 g/12 oz de harina, tamizada
1 cucharadita de sal
125 g/4 oz de grasa refinada
1 taza/250 ml/8 fl oz de agua
1 yema, ligeramente batida
con 1 cucharada de agua

Relleno
1 1/2 kg/3 lb de carne magra de cerdo,
en cubos de 5 mm/2 in
1/2 cucharadita de salvia molida
pimienta negra recién molida
2 tazas/500 ml de consomé de pollo

sopa
de guisantes y salame

Preparación

1 Colocar los guisantes y el agua en una olla grande de fondo grueso. Dejar en remojo toda la noche.
2 Agregar los huesos de tocino a la olla. Llevar al fuego; cuando hierva, bajar la llama y cocinar lentamente 2 horas o hasta que la sopa espese.
3 Agregar la cebolla, las hojas y los tallos de apio y revolver. Cocinar a fuego bajo 20 minutos más.
4 Retirar los huesos y descartarlos. Añadir el salame y cocinar hasta que se caliente. Sazonar con pimienta negra a gusto.
5 Servir la sopa en cazuelas individuales.
   Nota: Se conocen variantes de esta sopa desde la Edad Media. Ésta, con salame, es perfecta para una cena hogareña.

6 porciones

ingredientes

3 tazas/750 g/1 ¹/₂ lb de guisantes secos partidos, enjuagados
16 tazas/4 litros de agua
500 g/1 lb de huesos de tocino
4 cebollas, finamente picadas
4 cucharadas de hojas de apio picadas
4 tallos de apio, picados
250 g/8 oz de salame, en cubos de 1 cm/¹/₂ in
pimienta negra recién molida

pastel
de carne y hongos

Foto en página 35

Preparación

1 *Para el relleno, empolvar la carne con la harina y quitar el exceso. En una olla grande de fondo grueso calentar la mantequilla y el aceite. Cocinar la carne por tandas, 3-4 minutos o hasta que se dore de todos lados. Retirarla de la olla y reservar.*

2 *Colocar en la olla las cebollas y el ajo. Cocinar a fuego medio 3-4 minutos, hasta que la cebolla esté tierna. Agregar los champiñones y revolver. Cocinar 2 minutos más. Mezclar el vino con el caldo y verter en la olla. Cocinar 4-5 minutos, revolviendo para despegar el fondo de cocción. Llevar a hervor y bajar la llama. Añadir la carne, el laurel, el perejil, la salsa Worcestershire y pimienta negra a gusto. Tapar y cocinar a fuego lento 1 1/2 hora o hasta que la carne esté tierna. Incorporar el almidón y cocinar, sin dejar de revolver, hasta que la preparación espese. Retirar del fuego y dejar entibiar.*

3 *Para la masa, unir en un bol la mantequilla y la grasa. Refrigerar, tapado, hasta que esté firme. Colocar la harina en un bol grande. Cortar la cuarta parte de la mezcla de grasa en trocitos y desmigajarla con los dedos en la harina hasta obtener un granulado. Incorporar agua suficiente para formar una masa firme.*

4 *Volcarla sobre una superficie enharinada y amasar ligeramente. Extenderla formando un rectángulo de 15 x 25 cm/6 x 10 in. Cortar en trocitos otra cuarta parte de la mezcla de mantequilla. Distribuirlos cubriendo dos tercios de la masa. Doblar hacia arriba el otro tercio y volver a doblar para obtener tres capas iguales. Rotar la masa para que el extremo abierto quede de frente y volver a extender formando un rectángulo como antes. Repetir dos veces el proceso de doblado y extendido. Tapar y refrigerar 1 hora.*

5 *Disponer el relleno tibio en una fuente refractaria ovalada de 4 tazas/1 litro/1 3/4 pt de capacidad. Sobre una superficie ligeramente enharinada, extender la masa de un tamaño 4 cm/1 1/2 in mayor que la fuente.*

ingredientes

Masa de hojaldre
90 g/3 oz de mantequilla, blanda
90 g/3 oz de grasa refinada, blanda
2 tazas/250 g/8 oz de harina
1/2 taza/125 ml/4 fl oz de agua fría

Relleno de carne y hongos
1 kg/2 lb de carne magra de res, en cubos de 2 1/2 cm/1 in
1/2 taza/60 g/2 oz de harina condimentada
60 g/2 oz de mantequilla
3 cucharadas de aceite de oliva
2 cebollas, picadas
2 dientes de ajo, machacados
250 g/8 oz de champiñones, rebanados
1/2 taza/125 ml/4 fl oz de vino tinto
1/2 taza/125 ml/4 fl oz de caldo de res
1 hoja de laurel
2 cucharadas de perejil fresco finamente picado
1 cucharada de salsa Worcestershire
pimienta negra recién molida
1 cucharada de almidón de maíz disuelto en 2 cucharadas de agua
1 huevo, ligeramente batido

Cortar del contorno una tira de 1 cm/1/2 in. Pincelar el borde de la fuente con agua, adherir la tira de masa y pincelarla con agua. Ubicar el disco de masa sobre el relleno y presionar levemente para sellar el contorno; hacer pellizcos para lograr un repulgo decorativo. Pincelar con huevo. Hornear 30 minutos o hasta que la masa esté dorada y crujiente.

Nota: *La masa de hojaldre casera requiere un poco de tiempo, pero el resultado vale la pena.*

4 porciones

pasteles
de cornualles

Preparación

1 *Para la masa, colocar en un bol la mantequilla y la grasa y mezclar bien. Refrigerar hasta que esté firme. Colocar la harina en un bol grande. Cortar la mezcla de mantequilla en trocitos y desmigajarla con los dedos junto con la harina hasta obtener un granulado. Incorporar agua en cantidad suficiente para formar una masa firme. Volcar la masa sobre una superficie enharinada y amasar ligeramente. Refrigerar, tapada, 30 minutos.*

2 *Para el relleno, colocar en un bol la carne, la cebolla, la papa, el nabo, el perejil, la salsa Worcestershire y pimienta negra a gusto. Mezclar bien para unir.*

3 *Extender la masa sobre una superficie ligeramente enharinada. Con la guía de un platito de té invertido, cortar seis discos de 15 cm de diámetro. Distribuir el relleno sobre los discos de masa. Pincelar los bordes con agua y llevarlos hacia arriba, envolviendo el relleno. Presionar para sellar la unión y hacer pellizcos para marcar ondas.*

4 *Ubicar los pastelitos en una bandeja para horno bien engrasada. Pincelarlos con huevo. Hornear 15 minutos. Reducir la temperatura a 160°C/330°F/Gas 3 y hornear 20 minutos más, o hasta que se doren.*

Nota: *En su origen, estos pasteles tan similares a las empanadas de muchos países de Hispanoamérica eran un almuerzo portátil de los trabajadores de Cornualles (SO de Inglaterra). Deliciosos calientes, tibios o fríos, son ideales para un picnic o un almuerzo para llevar.*

6 unidades

ingredientes

Masa
60 g/2 oz de mantequilla, blanda
60 g/2 oz de grasa refinada, blanda
2 tazas/250 g/8 oz de harina, tamizada
4 cucharadas de agua fría
1 huevo, ligeramente batido

Relleno
250 g/8 oz de carne magra de res
1 cebolla pequeña, rallada
1 papa, rallada
$^{1}/_{2}$ nabo pequeño, rallado
2 cucharadas de perejil fresco finamente picado
1 cucharada de salsa Worcestershire
pimienta negra recién molida

cordero
a la cacerola con hortalizas

Preparación

1. En una olla grande de fondo grueso derretir 30 g/ 1 oz de mantequilla y cocinar la carne hasta que esté bien dorada en toda su superficie.

2. Mezclar los tomates, el vino, el extracto, la salsa Worcestershire, las hierbas, el azúcar y pimienta negra a gusto. Verter sobre la carne. Seguir calentando hasta llevar a hervor. Bajar la llama, tapar la olla y cocinar a fuego lento 1 1/2 hora, o hasta que la carne esté tierna.

3. Unos 30 minutos antes de completar la cocción, calentar el aceite y el resto de la mantequilla en una sartén grande de fondo grueso. Agregar las zanahorias, los nabos, las cebollas y las papas. Bajar el fuego y cocinar lentamente 15-20 minutos o hasta que las hortalizas estén tiernas.

4. Pasar la carne a una fuente y mantenerla al calor. Llevar a hervor la mezcla que quedó en la olla y cocinar 10 minutos o hasta que la salsa se reduzca y espese ligeramente. Servir la salsa con la carne y las hortalizas.

Nota: La carne a la cacerola se remonta a épocas prehistóricas, cuando se colgaban sobre el fuego vasijas de arcilla llenas con carne de caza, piezas enteras de carne o aves y hortalizas, y se dejaban hervir lentamente. Las carnes magras que requieren una cocción prolongada son ideales para cocer de esta manera. Un corte de ternera, un pollo entero o una pieza de nalga de res pueden sustituir al cordero en esta receta.

6 porciones

ingredientes

90 g/3 oz de mantequilla
1 1/2-2 kg/3-4 lb de pierna de cordero
440 g/14 oz de tomates en lata, escurridos y triturados
1/2 taza/125 ml/4 fl oz de vino tinto
2 cucharadas de extracto de tomate
1 cucharada de salsa Worcestershire
1/4 cucharadita de hierbas secas surtidas
1 cucharadita de azúcar
pimienta negra recién molida
aceite de oliva
3 zanahorias, cortadas a lo largo
3 nabos, cortados a lo largo
6 cebollas pequeñas
3 papas grandes, en mitades

guiso
de cordero y verduras

Preparación

1. Empolvar la carne con la harina. En una olla grande de fondo grueso calentar la mantequilla y 1 cucharada de aceite. Cocinar la carne por tandas, hasta que se dore de todos lados. Retirar de la olla y reservar.

2. En la misma olla, calentar el aceite restante. Cocinar las cebollas y las papas hasta que se doren. Retirar y reservar. Agregar al recipiente el ajo, el apio, el pimiento rojo y el tocino. Cocinar 4-5 minutos. Volver a colocar la carne, las cebollas y las papas. Incorporar la zanahoria, el caldo, el vino, el extracto de tomate y el romero. Llevar a hervor, bajar la llama y cocinar a fuego lento, tapado, 1 hora o hasta que la carne esté tierna. Agregar, revolviendo, las judías verdes y el almidón de maíz y sazonar con pimienta negra a gusto. Cocinar 10 minutos más.

6 porciones

ingredientes

750 g/1 ¹/₂ lb de pierna de cordero,
en cubos de 2 ¹/₂ cm/1 in
2 cucharadas de harina condimentada
15 g/1 ¹/₂ oz de mantequilla
2 cucharadas de aceite
6 cebollas baby
6 papas baby nuevas, cepilladas
2 dientes de ajo, machacados
3 tallos de apio, rebanados
1 pimiento rojo, rebanado
2 lonjas de tocino, picadas
1 zanahoria, rebanada
1 ¹/₂ taza/375 ml/12 fl oz de caldo de res
¹/₂ taza/125 ml/4 fl oz de vino tinto
1 cucharada de extracto de tomate
2 cucharadas de romero fresco
finamente picado
250 g/8 oz de judías verdes,
despuntadas y cortadas de 2 ¹/₂ cm/
1 in de largo
1 cucharada de almidón de maíz
disuelto en 2 cucharadas de agua
pimienta negra recién molida

pasteles
individuales
de carne

Preparación

1 *Para el relleno, calentar una sartén antiadherente y cocinar la carne a fuego medio, revolviendo continuamente, 6-8 minutos o hasta que se dore. Escurrir el jugo de la sartén y agregar el caldo. Sazonar a gusto con pimienta negra.*

2 *Llevar a hervor, bajar el fuego y tapar la sartén. Cocinar a fuego lento, revolviendo de tanto en tanto, 20 minutos. Incorporar, revolviendo, el almidón disuelto y las salsas Worcestershire y de soja. Cocinar, revolviendo continuamente, hasta que hierva y espese. Dejar enfriar.*

3 *Tapizar con la masa para tarta el fondo y los costados de ocho moldes individuales de metal. Cortar la masa de hojaldre en discos de igual diámetro que la parte superior de los moldes. Distribuir el relleno en los moldes. Pincelar con agua el borde de la masa para tarta, apoyar encima los discos de hojaldre y presionar levemente el contorno para unir ambas masas. Pintar con huevo. Hornear hasta que el hojaldre se infle y se dore.*

8 unidades

ingredientes

750 g/1 ¹/₂ lb de masa para tarta
375 g/12 oz de masa de hojaldre
1 huevo, ligeramente batido

Relleno de carne
750 g/1 ¹/₂ lb de carne magra de res, molida
2 tazas/500 ml de caldo de res
pimienta negra recién molida
2 cucharadas de almidón de maíz disuelto en ¹/₂ taza/125 ml/4 fl oz de agua
1 cucharada de salsa Worcestershire
1 cucharadita de salsa de soja

Temperatura del horno 220°C/440°F/Gas 7

pilau de cordero con almendras

platillos
rendidores

El desafío de toda ama de casa es preparar

comidas sabrosas y económicas. En esta sección encontrará clásicos favoritos y, también, propuestas novedosas que se acomodan perfectamente al presupuesto y resultan ideales para agasajar amigos o celebrar en familia. Ya no se preocupará por buscar el modo de costear el menú de una ocasión especial.

piccata
de ternera

Preparación

1 Enharinar ligeramente los escalopes de ternera por ambos lados. Sacudir el exceso de harina.

2 En una sartén mediana, derretir la mantequilla a fuego moderado. Cuando forme burbujas, agregar los escalopes y saltear unos 2 minutos de cada lado. Cuando estén casi cocidos, bañarlos con el jugo de limón. Retirar los escalopes con pinzas o con una espátula, pasarlos a una fuente y mantenerlos al calor.

3 Agregar el vino a la sartén y llevar a hervor sobre fuego vivo. Revolver continuamente hasta que el líquido se reduzca a unos 125 ml/ 4 fl oz. Verter esta salsa sobre la carne.

4 Disponer 3 rodajas de limón sobre cada escalope. Servir de inmediato.

4 porciones

ingredientes

30 g/1 oz de harina
8 escalopes medianos de ternera, tiernizados
60 g/2 oz de mantequilla
125 ml/4 fl oz de jugo de limón
125 ml/4 fl oz de vino blanco seco
1 limón, rebanado muy fino, para decorar

pilau
de cordero con almendras

Foto en página 41

Preparación

1 Calentar el aceite en una sartén a fuego medio y cocinar la cebolla y el ajo, revolviendo, 5 minutos o hasta que la cebolla esté tierna. Agregar el cordero y cocinar, revolviendo de tanto en tanto, 5 minutos más o hasta que se dore de todos lados.

2 Incorporar a la sartén el curry, el coriandro, el comino, el jengibre y la cúrcuma. Cocinar revolviendo continuamente 2 minutos, hasta que despida aroma. Añadir $1/_2$ taza/125 ml/ 4 fl oz de caldo, el tomate y pimienta negra a gusto. Llevar a hervor. Bajar la llama. Tapar la sartén y cocinar a fuego lento, revolviendo de tanto en tanto, 20 minutos o hasta que el cordero esté tierno.

3 Agregar el caldo restante y llevar a hervor. Incorporar el arroz y revolver. Bajar la llama, tapar y hervir a fuego lento 15 minutos, hasta que el arroz esté cocido. Agregar las almendras y las pasas de uva. Mezclar bien agitando con un tenedor.

6 porciones

ingredientes

2 cucharadas de aceite de oliva
1 cebolla, picada
1 diente de ajo, machacado
500 g/1 lb de cordero, en cubos
2 cucharaditas de curry en polvo
2 cucharaditas de coriandro molido
1 cucharadita de comino molido
1 cucharadita de jengibre molido
$1/_2$ cucharadita de cúrcuma molida
2 $1/_2$ tazas/600 ml/1 pt de caldo de pollo
1 tomate, picado
pimienta negra recién molida
2 tazas/440 g/14 oz de arroz
90 g/3 oz de almendras tostadas
90 g/3 oz de pasas de uva

curry dulce
de carne

Preparación

1 Calentar el aceite en una olla grande y cocinar a fuego medio la cebolla y el ajo, revolviendo, 3-4 minutos o hasta que la cebolla esté tierna. Agregar el curry, el jengibre y el chile, si se usa. Cocinar 1 minuto o hasta que despida aroma.

2 Incorporar las zanahorias, el apio, la manzana, el plátano, las pasas, el vinagre, el chutney y el azúcar. Cocinar 2-3 minutos. Verter el agua mientras se revuelve y sazonar con pimienta negra a gusto. Llevar a hervor. Bajar la llama, tapar y cocinar a fuego lento 15-20 minutos, hasta que los vegetales estén tiernos.

3 Verter en la olla la harina disuelta, revolviendo. Cocinar 5 minutos, sin dejar de revolver, hasta que la mezcla hierva y espese. Agregar la carne y revolver. Cocinar a fuego lento 5-10 minutos, hasta que todo esté caliente.

Nota: Servir el curry con arroz y guarniciones tradicionales indias, como pappadums, chutney y sambals, o con papas hervidas y verduras al vapor.

6 porciones

ingredientes

2 cucharadas de aceite de oliva
1 cebolla, picada
2 dientes de ajo, machacados
1 cucharadita de curry en polvo
1 cucharadita de jengibre molido
1 cucharadita de chile rojo fresco, picado (opcional)
2 zanahorias, picadas
2 tallos de apio, picados
1 manzana, picada
1 plátano, rebanado
2 cucharadas de pasas de uva rubias
2 cucharadas de vinagre de malta
1 cucharada de chutney de fruta
2 cucharadas de azúcar morena
2 1/2 tazas/600 ml/1 pt de agua
pimienta negra recién molida
1/4 taza/30 g/1 oz de harina disuelta en 1/3 taza/90 ml/3 fl oz de agua
500 g/1 lb de carne de res, cordero, cerdo o pollo, cocida y picada

goulash
de ternera

Preparación

1 Desgrasar por completo la carne y cortarla en cubos de 2 cm/$^3/_4$ in. Colocar la páprika, la harina y pimienta negra a gusto en una bolsa plástica, agregar los cubos de carne y agitar para cubrirlos en forma pareja. Sacudir el exceso de harina.

2 Calentar el aceite en una olla grande y cocinar a fuego medio las cebollas y el ajo 3-4 minutos, hasta que la cebolla esté tierna. Unir el extracto de tomate, el vino y el caldo. Echar en la olla esta mezcla y la carne. Llevar a hervor. Bajar la llama y cocinar a fuego lento, tapado, 25-30 minutos o hasta que la carne esté tierna.

3 Retirar del fuego. Mezclar un cuarto de la crema agria o yogur con cada porción de goulash. Servir de inmediato, con fettuccine y verduras a elección cocidas por hervido, al vapor o en microondas.

Consejo: Para congelar, dividir en porciones el goulash, sin crema o yogur, y envasar en recipientes herméticos aptos para frigorífico o en bolsas. Para descongelar, dejar en el refrigerador durante la noche. Calentar en una cacerolita a fuego medio, revolviendo, o llevar al microondas 2-3 minutos en Máximo (100%), revolviendo de tanto en tanto hasta que la salsa hierva. Agregar la crema agria o el yogur justo antes de servir.

ingredientes

4 bistecs de ternera de 125 g/4 oz, de 1 cm/$^1/_2$ in de espesor
1 $^1/_2$ cucharada de páprika
2 cucharadas de harina
pimienta negra recién molida
1 cucharada de aceite
2 cebollas, picadas
1 diente de ajo, machacado
1 cucharada de extracto de tomate
3 cucharadas de vino tinto
$^1/_2$ taza/125 ml/4 fl oz de caldo de res
$^1/_4$ taza/60 g/2 oz de crema agria
o yogur natural

4 porciones

chuletas
de ternera con tomates secos

Preparación

1 Empolvar la carne con la harina. Derretir la mantequilla en una sartén y cocinar a fuego vivo el ajo, el prosciutto y el romero, 2 minutos. Agregar la carne y dorar de ambos lados.

2 Verter el vino, revolver y llevar a hervor. Bajar la llama y hervir a fuego lento 30 minutos o hasta que la ternera esté cocida.

3 Retirar la carne y el prosciutto y mantenerlos calientes. Subir el fuego de la sartén, añadir los tomates y cocinar hasta que la salsa se reduzca a la mitad. Agregar la albahaca y revolver. Verter la salsa sobre la carne y cubrir con el prosciutto.

Nota: Los tomates secos son cada vez más populares y se consiguen en la mayoría de las tiendas de delicatessen.

4 porciones

ingredientes

8 chuletas gruesas de ternera, desgrasadas
harina condimentada
60 g/2 oz de mantequilla
1 diente de ajo, machacado
6 lonjas de prosciutto, picadas
2 cucharadas de romero fresco picado
250 ml/8 fl oz de vino blanco seco
16 tomates secos, picados
4 cucharadas de albahaca fresca picada

45

escalopes
gratinados

Preparación

1 Colocar los escalopes entre dos láminas de film y aplanarlos con un mazo hasta que resulten bien delgados. Empolvarlos con la harina, pasarlos por el huevo batido y empanarlos.

2 En una sartén derretir la mantequilla hasta que forme espuma. Agregar la carne y cocinar 2 minutos de cada lado o hasta que se dore. Envolver cada escalope con una lonja de prosciutto. Colocarlos en una fuente para horno poco profunda y esparcir sobre ellos el queso parmesano y la mozzarella. Verter la crema. Gratinar en el grill precalentado 3-4 minutos, hasta que el queso se derrita y se dore.

Nota: Este fácil platillo de ternera se sirve con ensalada verde fresca.

4 porciones

ingredientes

**8 escalopes de ternera pequeños
harina condimentada
1 huevo, ligeramente batido
185 g/6 oz de pan seco molido
60 g/2 oz de mantequilla
8 lonjas de prosciutto
125 g/4 oz de mozzarella rallada
3 cucharadas de queso parmesano
rallado
125 ml/4 fl oz de crema doble, espesa**

Temperatura del horno 210°C/420°F/Gas 7

pan crujiente
de carne

Preparación

1 Colocar en un bol la carne, la papa, la zanahoria, la cebolla, el pan molido, el huevo, la salsa de tomate o el chutney, las hierbas y pimienta negra a gusto. Unir bien.

2 Colocar la mezcla, presionando, en un molde alargado de 11 x 21 cm/4 $^1/_2$ x 8 $^1/_2$ in, ligeramente engrasado. Hornear 1 hora o hasta que esté cocido.

3 Escurrir el exceso de jugo. Invertir el pan de carne sobre una bandeja para horno ligeramente engrasada. Pincelar con la salsa de tomate mezclada con la Worcestershire. Combinar el pan molido con la mantequilla y esparcir sobre el pan de carne. Hornear 15-20 minutos más, hasta que la cubierta esté crujiente y dorada. Servir caliente o frío.

6 porciones

ingredientes

750 g/1 $^1/_2$ lb de carne magra de res
1 papa, rallada
1 zanahoria, rallada
1 cebolla, finamente picada
$^1/_2$ taza/30 g/1 oz de pan seco molido
1 huevo, batido
2 cucharadas de salsa de tomate
o chutney de fruta
1 cucharadita de hierbas secas surtidas
pimienta negra recién molida

Cubierta crujiente
$^1/_4$ taza/60 ml/2 fl oz de salsa de tomate
2 cucharadas de salsa Worcestershire
$^1/_2$ taza/30 g/1 oz de pan seco molido
60 g/2 oz de mantequilla, derretida

carne
en su caldo

Preparación

1 Empolvar la carne con la harina y sacudir el exceso; reservar. Calentar la mitad del aceite en una sartén grande y cocinar la carne a fuego medio, por tandas, 3-4 minutos o hasta que se dore. Pasarla a una cazuela refractaria.

2 En la misma sartén, calentar el aceite restante. Colocar la cebolla y el ajo. Cocinar a fuego medio, revolviendo, 4-5 minutos. Agregar el puerro y cocinar 2-3 minutos más. Incorporar todo a la cazuela.

3 Verter en la sartén el caldo y el vino con las hierbas y pimienta negra a gusto. Llevar a hervor. Bajar la llama y hervir a fuego lento hasta que el líquido se reduzca a la mitad. Agregar a la cazuela este caldo, el laurel y la cáscara de naranja, si se usa. Hornear 1 $^1/_2$-2 horas, hasta que la carne esté tierna.

4 Añadir las calabacitas, la batata y la chirivía. Hornear 30 minutos más o hasta que las verduras estén tiernas.

4 porciones

ingredientes

I kg/2 lb de espaldilla de res desgrasada, en cubos
$^1/_2$ taza/60 g/2 oz de harina condimentada
$^1/_4$ taza/60 ml/2 fl oz de aceite de oliva
I cebolla, picada
I diente de ajo, machacado
I puerro, rebanado
2 tazas/500 ml/16 fl oz de caldo de res
I taza/250 ml/8 fl oz de vino tinto
I cucharadita de hierbas secas surtidas
pimienta negra recién molida
I hoja de laurel
hebras de cáscara de naranja (opcional)
2 calabacitas, rebanadas
I batata grande, picada
I chirivía, rebanada

Temperatura del horno 210°C/420°F/Gas 7

Temperatura del horno 210°C/420°F/Gas 7

asado
familiar

Preparación

1 *Ubicar la carne sobre una rejilla de alambre apoyada sobre un trasto para horno apto para llama. Pincelar con 1 cucharada de aceite y rociar con pimienta negra a gusto. Hornear 1-1 1/4 hora para una carne no muy cocida, o hasta el punto de su agrado.*

2 *Para preparar las hortalizas, colocar en una olla grande las papas, la calabaza o las chirivías y las cebollas. Cubrir con agua y llevar a hervor. Bajar la llama y cocinar a fuego lento 3 minutos. Escurrir. Acomodar las hortalizas en un trasto para horno y pincelarlas con el aceite. Hornear 45 minutos, dando vuelta una vez durante la cocción, hasta que las verduras estén tiernas y doradas.*

3 *Para la salsa, pasar el asado a una fuente, cubrirlo con papel de aluminio y dejarlo reposar 15 minutos. Mezclar el vino o caldo, los champiñones, el estragón y pimienta negra a gusto. Verter esta mezcla en el trasto que se usó para el asado y calentar sobre fuego medio. Llevar a hervor, revolviendo para despegar el fondo de cocción. Bajar la llama y cocinar a fuego lento hasta que la salsa se reduzca y espese. Rebanar la carne y servirla con las verduras y la salsa.*

6-8 porciones

ingredientes

**1 pieza de nalga de res de 1 1/2 kg/3 lb
1 cucharada de aceite de oliva
pimienta negra recién molida**

Asado de hortalizas
**6 papas grandes, en mitades
6 trozos de calabaza o 3 chirivías,
en mitades
6 cebollas
1/4 taza/60 ml/2 fl oz de aceite de oliva**

Salsa de hongos
**1 taza/250 ml/8 fl oz de vino tinto
o caldo de res
60 g/2 oz de champiñones, rebanados
1/2 cucharadita de estragón seco**

paella familiar

Preparación

1 Calentar el aceite en una sartén grande a fuego medio. Agregar el pollo y el cerdo. Cocinar, revolviendo, 3 minutos. Retirarlos de la sartén con una espumadera y reservar.

2 Colocar en la sartén las cebollas, el pimiento rojo o verde y el chorizo. Cocinar 5 minutos o hasta que las cebollas estén tiernas. Incorporar el arroz y saltear 1 minuto o hasta que se impregne de aceite.

3 Revolver mientras se vierte el caldo o agua, la cúrcuma y pimienta negra a gusto. Llevar a hervor. Bajar la llama y cocinar a fuego lento 5 minutos. Agregar los mejillones y los guisantes. Tapar la sartén y hervir a fuego lento 5 minutos, o hasta que los mejillones se abran. Desechar los mejillones que no se abran después de 5 minutos de cocción.

4 Volver a colocar el pollo y el cerdo en la sartén y cocinar a fuego lento, sin tapar, 5-10 minutos o hasta que se absorba todo el líquido y el arroz esté tierno. Servir de inmediato.

6 porciones

ingredientes

¹/₄ taza/60 ml/2 fl oz de aceite de oliva
4 muslos o 2 pechugas de pollo deshuesados, rebanados
250 g/8 oz de carne magra de cerdo, en cubos
2 cebollas, picadas
1 pimiento rojo o verde pequeño, rebanado
60 g/2 oz de chorizo español picante, rebanado
3 tazas/660 g/1 lb 5 oz de arroz
3 tazas/750 ml/1 ¹/₄ pt de caldo de pollo o agua
¹/₂ cucharadita de cúrcuma molida
pimienta negra recién molida
500 g/1 lb de mejillones en sus valvas, cepillados
60 g/2 oz de guisantes congelados

ensalada
de espinaca y burgol

Preparación

1 Colocar el pan en una bandeja y hornear 10 minutos, hasta que esté crujiente y dorado. Dejar enfriar. Reservar hasta el momento de usar.

2 Colocar el trigo en un bol, agregar el agua y el jugo de limón y mezclar bien. Hidratar durante 15 minutos o hasta que absorba todo el líquido.

3 Ubicar en una ensaladera las hojas de espinaca. Agregar el burgol, los tomates, la cebolla, el tocino, el aceite, el vinagre y la albahaca. Remover para mezclar. Justo antes de servir, esparcir los cubos de pan sobre la ensalada.

6 porciones

ingredientes

2 rebanadas de pan, sin corteza, en cubos
1/4 taza/45 g/1 1/2 oz de trigo burgol
1/4 taza/60 ml/2 fl oz de agua
2 cucharadas de jugo de limón
1 atado/500 g/1 lb de espinaca
2 tomates, picados
1 cebolla, rebanada
3 lonjas de tocino, grilladas y picadas
2 cucharadas de aceite de oliva
1 cucharada de vinagre de manzana
1/2 cucharadita de albahaca seca

costillar de cerdo glaseado

barbacoas

Se trate de un festejo especial o de

---

una reunión de amigos para comer algo y conversar, una barbacoa va de maravillas para recibir. Se puede hacer tan elegante o tan informal como el dueño de casa prefiera, y con comida simple o sofisticada, según la ocasión.

salchichas
a la barbacoa

Preparación

Es muy tentadora la amplia variedad de salchichas que existe; se pueden conseguir envasadas o sueltas en carnicerías, tiendas de alimentos y delicatessen. Las hay gruesas, delgadas o para copetín.

Al cocinarlas hay que lograr que la superficie resulte dorada y crujiente, y el interior cocido por completo, pero no seco. El blanqueado previo aumenta el volumen de la carne o relleno, elimina una parte de las grasas y garantiza que las salchichas gruesas se cocinen en su interior.

Para blanquear, separar las salchichas cortando las uniones con un cuchillo afilado. Colocarlas en una cacerolita y cubrirlas con agua fría. Llevar a hervor y luego cocinar a fuego lento 5 minutos. Escurrir. Perforar las salchichas con un palillo en varios lugares. Disponer una parrilla aceitada sobre las brasas moderadamente calientes. Ubicar las salchichas, sin encimarlas, sobre la parrilla. Cocinar dándolas vuelta continuamente, 10-15 minutos para salchichas gruesas y 5-8 minutos para las delgadas, o hasta que estén cocidas y doradas.

costillar
de cerdo glaseado

Foto en página 53

Preparación

1 *Mezclar los ingredientes de la marinada. Acomodar el costillar sobre una hoja grande de papel de aluminio resistente y cubrir generosamente con la marinada, de ambos lados. Envolver la carne con dos vueltas de papel de aluminio, cuidando que las uniones queden bien selladas para que no goteen. Dejar reposar por lo menos $1/2$ hora antes de cocinar; refrigerar si no se utiliza enseguida.*

2 *Calentar la barbacoa. Poner sobre la parrilla el costillar envuelto y cocinar 10 minutos por lado.*

3 *Retirar, desenvolver y colocar de nuevo el costillar sobre la parrilla. Continuar la cocción, pincelando con más marinada y dando vuelta cada minuto, hasta que las costillas estén bien doradas y crujientes (unos 10 minutos). Tiempo total de cocción: aproximadamente 30-35 minutos.*

Nota: *Si se usa una barbacoa con tapa no se necesita el papel de aluminio. Cocinar el costillar 1 hora o más, pincelando y dando vuelta con frecuencia. La técnica de envolver en papel de aluminio para barbacoa sin tapa reduce el tiempo de cocción a la mitad.*

4 porciones

ingredientes

1 kg/2 lb de costillar de cerdo

Marinada de soja y miel
$1/4$ taza/60 ml/2 fl oz de salsa de soja
2 cucharadas de miel
1 cucharada de jerez
2 dientes de ajo, machacados
1 cucharadita de jengibre fresco rallado

carne asada
a la miel

Preparación

1 Para la marinada, colocar en un bol el vino y los granos de mostaza. Dejar reposar 30 minutos. Añadir la pimienta en grano, el estragón, la salvia y la miel. Mezclar bien.

2 Colocar la carne en una fuente poco profunda. Verter sobre ella la marinada. Tapar y dejar marinar por lo menos 1 hora, dando vuelta de tanto en tanto.

3 Precalentar una barbacoa con tapa a temperatura alta.

4 Escurrir la carne y reservar la marinada. Acomodar la carne sobre la parrilla de la barbacoa. Cocinar, dando vuelta con frecuencia, hasta que esté dorada en toda la superficie. Retirar y bajar el fuego a medio. Disponer sobre una rejilla las ramas de laurel y encima la carne. Colar la marinada y esparcir los granos de mostaza y las hierbas sobre la carne. Verter el líquido en un trasto para horno y ubicarlo debajo de la rejilla. Llevar todo a la barbacoa, bajar la tapa y cocinar, dando vuelta de tanto en tanto, 35-55 minutos o hasta lograr el punto que se desee.

8 porciones

ingredientes

1 lomo de res de 1 ¹/₂ kg/3 lb, desgrasado
6-8 ramas de laurel

<u>Marinada de mostaza y vino</u>
4 cucharadas de mostaza en grano
1 ¹/₂ taza/375 ml/12 fl oz de vino tinto
1 cucharada de granos de pimienta negra, partidos
1 cucharada de estragón fresco
1 cucharada de salvia fresca
2 cucharadas de miel

chuletas
dulzonas con romero

Preparación

1 Realizar dos incisiones en la capa delgada de grasa que recubre las chuletas e insertar una ramita de romero en cada corte. Disponer las chuletas preparadas en una fuente poco profunda.

2 Para la marinada, colocar en un bol el vino, la miel, la mostaza y granos de pimienta a gusto. Mezclar bien. Verter sobre el cordero y remover para cubrir bien. Dejar reposar 40 minutos.

3 Precalentar la barbacoa a temperatura alta. Escurrir las chuletas. Ubicarlas sobre la parrilla aceitada. Cocinar 4-5 minutos por lado, o hasta lograr el punto que se desee.

6 porciones

ingredientes

12 chuletas dobles de cordero, pequeñas
24 ramitas de romero

Marinada de vino y miel
1 taza/250 ml/8 fl oz de vino tinto
1/3 taza/90 ml/3 fl oz de miel
2 cucharadas de mostaza en grano
granos de pimienta negra, partidos

hamburguesas
italianas

Preparación

1 Para los burgers, colocar en un bol la carne, los tomates secos, el perejil, la albahaca, el ajo y la salsa Worcestershire. Unir bien. Dividir la mezcla en 8 porciones y formar burgers. Ubicarlos en una fuente forrada con film y refrigerar hasta el momento de utilizar.

2 Precalentar la barbacoa a temperatura alta. Pincelar con aceite las rebanadas de berenjena y los cuartos de pimiento. Cocinarlos sobre la parrilla de la barbacoa 2 minutos de cada lado, o hasta que estén tiernos. Colocarlos en un bol. Agregar el vinagre y remover.

3 Bajar el fuego de la barbacoa a medio. Cocinar los burgers 4 minutos de cada lado o hasta lograr el punto que se desee. Para armar las hamburguesas, untar la mitad inferior de los bollitos con pesto. Disponer en cada uno hojas de rúcula, un burger, rebanadas de berenjena y un trozo de pimiento. Terminar con la tapa del bollito. Servir de inmediato.

8 unidades

ingredientes

2 berenjenas pequeñas, finamente rebanadas
2 pimientos rojos, en cuartos
2 cucharadas de aceite de oliva
$1/_3$ taza/90 ml/3 fl oz de vinagre balsámico
8 bollos pequeños, en mitades
3 cucharadas de pesto
125 g/4 oz de hojas de rúcula

<u>Miniburgers</u>
500 g/1 lb de carne magra de res, molida
3 cucharadas de tomates secos, finamente picados
2 cucharadas de perejil fresco picado
1 cucharada de albahaca fresca picada
2 dientes de ajo, machacados
1 cucharada de salsa Worcestershire

cordero
glaseado a la barbacoa

Preparación

1 Precalentar una barbacoa con tapa a temperatura media.

2 Para el glaseado, colocar en una cacerolita la mostaza, la cáscara de naranja, la nuez moscada, el oporto, la miel y el vinagre. Llevar a hervor suave y cocinar a fuego lento hasta que la mezcla espese y se reduzca ligeramente.

3 Ubicar el cordero sobre una rejilla de alambre apoyada sobre un trasto para horno. Pincelar la carne con el glaseado. Verter el vino y el agua en el trasto. Bajar la tapa de la barbacoa. Cocinar 2 horas o hasta lograr el punto que se desee, pincelando con el glaseado cada 15 minutos.

8 porciones

ingredientes

2 ¹/₂ kg/5 lb de pierna de cordero
1 taza/250 ml/8 fl oz de oporto
1 ¹/₂ taza/375 ml/12 fl oz de agua

Glaseado de oporto
4 cucharadas de mostaza de Dijon
2 cucharaditas de cáscara de naranja finamente rallada
¹/₂ cucharadita de nuez moscada rallada
1 ¹/₂ taza/375 ml/12 fl oz de oporto
¹/₂ taza/125 ml/4 fl oz de miel
2 cucharadas de vinagre balsámico

cordero
a fuego lento

Preparación

1 Para la marinada, colocar en un bol el romero, la menta, el vinagre, el aceite y pimienta negra a gusto. Mezclar bien.

2 Practicar varios cortes profundos en la superficie de la pierna de cordero. Insertar en cada corte una lámina de ajo. Ubicar el cordero en una fuente de vidrio o de cerámica. Verter la marinada y darlo vuelta para que se cubra bien. Tapar y dejar reposar en el refrigerador 4 horas.

3 Precalentar una barbacoa con tapa a temperatura media. Ubicar el cordero sobre una rejilla de alambre apoyada sobre un trasto para horno y verter la marinada por encima. Colocar todo en la barbacoa y bajar la tapa. Cocinar, pincelando con la marinada de tanto en tanto, 1 ¹/₂-2 horas o hasta que el cordero esté tierno. Taparlo y dejar reposar 15 minutos antes de trinchar.

6 porciones

ingredientes

1 ¹/₂ kg/3 lb de pierna de cordero
3 dientes de ajo, en láminas

Marinada de hierbas
4 cucharadas de romero fresco picado
4 cucharadas de menta fresca picada
¹/₂ taza/125 ml/4 fl oz de vinagre de vino blanco
¹/₄ taza/60 ml/2 fl oz de aceite de oliva
pimienta negra recién molida

cerdo
con hierbas y especias

Preparación

1 Para la marinada, colocar en el procesador o licuadora la cebolla, las pimientas, el coriandro, el comino, el garam masala, las especias surtidas, la cúrcuma, la páprika, la sal, los aceites y el vinagre. Procesar hasta formar una pasta.

2 Frotar con esa pasta el cerdo. Ubicarlo en una fuente de vidrio o cerámica. Tapar y dejar en el refrigerador toda la noche.

3 Colocar la carne de cerdo sobre una rejilla de alambre apoyada sobre un trasto para horno. Hornear 1 hora. Precalentar la barbacoa a temperatura media. Pasar la carne de cerdo a la parrilla ligeramente aceitada. Cocinar, dando vuelta con frecuencia, 1 1/2 hora o hasta que la carne esté tierna y cocida en su interior. Dejar reposar 10 minutos antes de rebanar y servir.

Nota: Si se emplea una barbacoa con tapa, no es necesaria la cocción previa en el horno. Sólo hay que precalentar la barbacoa a temperatura media y cocinar 2-2 1/2 horas.

8 porciones

ingredientes

2 kg/4 lb de solomillo de cerdo deshuesado, enrollado y con cortes marcados en la piel a intervalos de 2 cm/$^3/_4$ in

Marinada de hierbas y especias
1 cebolla, picada
2 cucharadas de granos de pimienta rosada, partidos
2 cucharadas de granos de pimienta verde, partidos
1 cucharada de pimienta negra recién molida
2 cucharadas de coriandro molido
1 cucharada de comino molido
1 cucharadita de garam masala
1 cucharadita de especias surtidas molidas
1 cucharadita de cúrcuma
1 cucharadita de páprika
1 cucharadita de sal marina
2 cucharadas de aceite de maní
2 cucharadas de aceite de ajonjolí
1 cucharada de vinagre blanco

Temperatura del horno 180°C/350°F/Gas 4

60

kebabs
de cerdo californianas

Preparación

1 *Para la marinada, colocar en el procesador o licuadora la cebolla, el ajo, los chiles, el tomillo, el orégano, el comino, la pimienta negra, el jugo de limón, el jugo de piña y el aceite. Procesar hasta lograr una textura homogénea.*

2 *Colocar la carne de cerdo en un bol de vidrio o cerámica. Verter la marinada y remover para mezclar. Tapar y dejar reposar a temperatura ambiente 2 horas, o en el refrigerador toda la noche.*

3 *Precalentar la barbacoa a temperatura media. Escurrir bien la carne de cerdo. Ensartar en pinchos levemente aceitados los cubos de cerdo y de piña, en forma alternada. Colocar sobre la parrilla de la barbacoa ligeramente aceitada. Cocinar, dando vuelta varias veces, 5-8 minutos, hasta que la carne esté tierna y cocida en su interior.*

6 porciones

ingredientes

500 g/1 lb de solomillo de cerdo, en cubos de 2 cm/³/₄ in
1 piña pequeña, en cubos de 2 cm/³/₄ in

Marinada de piña
1 cebolla, picada
3 dientes de ajo, picados
2 chiles rojos secos
2 cucharadas de tomillo fresco picado
2 cucharadas de orégano fresco picado
2 cucharaditas de comino molido
2 cucharaditas de pimienta negra recién molida
¹/₃ taza/90 ml/3 fl oz de jugo de limón
¹/₃ taza/90 ml/3 fl oz de jugo de piña
2 cucharadas de aceite de oliva

bistecs
de lomo borrachitos

Preparación

1 Para la marinada, utilizar una fuente grande y poco profunda de vidrio o cerámica. Colocar la cerveza, el ajo, la salsa Worcestershire y la salsa de tomate y mezclar bien.

2 Agregar los bistecs a la marinada. Dar vuelta para cubrirlos bien. Tapar y dejar reposar a temperatura ambiente por lo menos 3 horas, o en el refrigerador toda la noche. Dar vuelta de tanto en tanto.

3 Precalentar la barbacoa a temperatura alta. Escurrir los bistecs y reservar la marinada. Cocinar los bistecs sobre la barbacoa ligeramente aceitada, mientras se pincela con la marinada, 3-4 minutos de cada lado o hasta lograr el punto que se desee. Servir de inmediato.

Nota: Para comprobar si el bistec está cocido a su gusto, presiónelo con unas pinzas romas. No corte la carne, para que no pierda jugo. Los bistecs poco cocidos se notarán elásticos, los de término medio apenas elásticos, y los bien cocidos se sentirán firmes.

8 porciones

ingredientes

8 bistecs de lomo de res, desgrasados

Marinada de cerveza
³/₄ taza/185 ml/6 fl oz de cerveza
2 dientes de ajo, machacados
¹/₄ taza/60 ml/2 fl oz de salsa Worcestershire
¹/₄ taza/60 ml/2 fl oz de salsa de tomate

brochetas
de cerdo con salsa

Preparación

1 Colocar en un bol la carne de cerdo, el pan molido, la cebolla, el ajo, el orégano, el comino, el chile y el huevo. Mezclar bien para unir.

2 Tomar cucharadas de la mezcla y formar esferas pequeñas. Colocarlas en una bandeja forrada con film. Tapar y refrigerar 30 minutos.

3 Precalentar la barbacoa a temperatura media. Ensartar las esferas de cerdo en pinchos, colocando cuatro en cada uno. Ubicar sobre la parrilla de la barbacoa ligeramente aceitada. Cocinar, dando vuelta con frecuencia, 8 minutos o hasta que estén totalmente cocidos.

4 Para la salsa, calentar el aceite en una sartén a fuego medio. Agregar la cebolla y cocinar revolviendo 3 minutos, hasta que se dore. Incorporar las alcachofas, los tomates, el extracto y el orégano. Cocinar, sin dejar de revolver, 3-4 minutos más o hasta que se caliente bien. Servir con las brochetas.

4 porciones

ingredientes

500 g/1 lb de carne magra de cerdo, molida
1 taza/60 g/2 oz de pan seco molido
1 cebolla, picada
2 dientes de ajo, machacados
1 cucharada de orégano picado
1 cucharadita de comino molido
$^{1}/_{2}$ cucharadita de chile en polvo
1 huevo, ligeramente batido

Salsa de alcachofas
1 cucharada de aceite de oliva
1 cebolla, picada
185 g/6 oz de corazones de alcachofa marinados, picados
4 tomates, sin semillas y picados
2 cucharadas de extracto de tomate
1 cucharada de orégano fresco picado

fideos fritos tailandeses

sabores exóticos

Fantástica comida oriental, basada en

recetas tradicionales y técnicas de cocción que reflejan un estilo muy atractivo para el cocinero moderno.

ensalada tibia
de cordero

Preparación

1 Para el aliño, colocar en un bol el cilantro, el azúcar, las salsas de soja, de chile y de pescado y el jugo de lima. Mezclar bien y reservar.
2 Disponer en una fuente la lechuga y el pepino. Reservar.
3 Calentar el aceite en un wok a fuego vivo. Incorporar el cordero y saltear 2 minutos, hasta que se dore. Acomodar el cordero sobre las hojas de lechuga. Rociar con el aliño y servir de inmediato.

4 porciones

ingredientes

250 g/8 oz de lechugas surtidas
1 pepino, cortado en tiras a lo largo
2 cucharaditas de aceite
500 g/1 lb de lomo de cordero desgrasado, rebanado fino

<u>Aliño de cilantro y chile</u>
2 cucharadas de cilantro fresco molido
1 cucharada de azúcar morena
¼ taza/60 ml/2 fl oz de salsa de soja
2 cucharadas de salsa dulce de chile
2 cucharaditas de salsa de pescado
2 cucharadas de jugo de lima

fideos
fritos tailandeses

Foto en página 65

Preparación

1 Calentar abundante aceite a fuego vivo en un wok o en una olla grande, hasta que esté muy caliente. Sumergir los fideos, de a pocos por vez, y freírlos 1-2 minutos o hasta que estén levemente dorados e inflados. Retirar del fuego y reservar.
2 Calentar el aceite de ajonjolí a fuego medio en un wok o una sartén. Agregar las cebollas y el ajo y saltear 4 minutos, hasta que estén tiernos y dorados. Incorporar la carne de cerdo, el pollo y el chile. Saltear 4 minutos o hasta que el cerdo y el pollo estén dorados y cocidos.
3 Añadir los brotes de soja, la salsa de pescado, el jugo de limón, el tamarindo y los fideos. Saltear 2 minutos para que toda la preparación se caliente. Servir de inmediato.

4 porciones

ingredientes

aceite para freír
250 g/8 oz de fideos vermicelli de arroz
2 cucharaditas de aceite de ajonjolí
2 cebollas, picadas
2 dientes de ajo, machacados
185 g/6 oz de solomillo de cerdo, picado
185 g/6 oz de pechugas de pollo deshuesadas, picadas
1 cucharada de chile en escamas
125 g/4 oz de brotes de soja
2 cucharadas de salsa de pescado tailandesa (nam pla)
1 cucharada de jugo de limón
2 cucharadas de concentrado de tamarindo

carne
especiada a la parrilla

Preparación

1 Colocar en el procesador la cebolla, el ajo, el coriandro, la pimienta en grano, la salsa de soja, el jugo de lima y la salsa de pescado. Procesar hasta formar una pasta. Cubrir la carne con esa mezcla de especias. Cocinar a temperatura media en barbacoa a gas o carbón, dando vuelta de tanto en tanto, 15 minutos o hasta que la carne esté cocida término medio. Como alternativa, hornear 30-45 minutos.

2 Disponer en una fuente la lechuga, los tomates y el pepino. Cortar la carne en rebanadas delgadas y acomodarlas sobre la lechuga. Servir con gajos de lima.

4 porciones

ingredientes

1 cebolla roja, picada
4 dientes de ajo, machacados
2 raíces frescas de coriandro
1 cucharadita de granos de pimienta machacados
2 cucharadas de salsa de soja liviana
2 cucharadas de jugo de lima
2 cucharadas de salsa de pescado tailandesa (nam pla)
500 g/1 lb de asado de costilla de res, en una pieza
6 hojas de lechuga
185 g/6 oz de tomates cherry, en mitades
1 pepino, en tiras
gajos de lima

arrolladitos
primavera de cerdo

Foto en página 69

Preparación

1 Para el relleno, calentar el aceite de maní en una sartén grande a fuego vivo. Agregar los chalotes, el jengibre y el chile y saltear 2 minutos. Añadir la carne y saltear 4-5 minutos, hasta que se dore. Incorporar el cilantro y el kechap manis, revolver y cocinar 2 minutos más. Retirar del fuego y dejar entibiar.

2 Para armar los arrolladitos, colocar 2 cucharadas de relleno en el centro de cada cuadrado de masa. Doblar una esquina sobre el relleno. Doblar hacia adentro los lados, enrollar y sellar la unión con una pequeña cantidad de agua.

3 En un wok o sartén grande calentar el aceite hasta que un dadito de pan se dore en 50 segundos. Cocinar los arrolladitos primavera, de a pocos cada vez, 3-4 minutos o hasta que estén crujientes y dorados. Escurrir sobre papel absorbente. Servir con la salsa de chile para mojar.

Nota: Al trabajar con masa para arrolladitos primavera y wonton, cubrir con un repasador humedecido para evitar que se resequen.

Si no se consigue kechap manis, reemplazarlo con salsa de soja o una mezcla de salsa de soja y jarabe de maíz oscuro.

24 unidades

ingredientes

**24 cuadrados de masa para arrolladitos primavera, de 12 ¹/₂ cm/5 in de lado
aceite para freír
salsa dulce de chile**

Relleno de cerdo y cilantro
**2 cucharaditas de aceite de maní
3 chalotes rojos o dorados, picados
2 cucharaditas de jengibre fresco finamente rallado
1 chile rojo fresco, sin semillas, picado
500 g/1 lb de carne de cerdo molida
2 cucharadas de hojas de cilantro picadas
2 cucharadas de kechap manis**

hojaldrinas
de carne

Foto en página 69

Preparación

1 Para el relleno, calentar el aceite en una sartén a fuego vivo. Agregar los chalotes, la pasta de curry y el comino y saltear 2 minutos. Añadir la carne y saltear 5 minutos, hasta que se dore. Retirar del fuego, incorporar el cilantro y revolver. Dejar entibiar.

2 Extender la masa de 3 mm/¹/₈ in de espesor y cortarla en cuadrados de 10 cm/4 in de lado. Colocar 2-3 cucharadas de relleno en el centro de cada cuadrado, pincelar ligeramente los bordes con agua y unir dos vértices opuestos. Presionar para cerrar los lados y curvar los extremos para formar paquetitos con forma de medialuna.

3 Calentar el aceite en una sartén grande hasta que un dadito de pan se dore en 50 segundos. Cocinar las hojaldrinas, de a pocas por vez, 2 minutos o hasta que se doren y se inflen. Escurrir sobre papel absorbente. Servir con la salsa de chile para mojar.

24 unidades

ingredientes

**625 g/1 ¹/₄ lb de masa de hojaldre
aceite para freír
salsa dulce de chile**

Relleno de carne especiada
**2 cucharaditas de aceite
4 chalotes rojos o dorados, picados
1 cucharada de curry en pasta, suave
2 cucharaditas de comino molido
500 g/1 lb de carne magra de res, molida
2 cucharadas de hojas de cilantro, picadas**

arroz
frito tailandés

ingredientes

2 cucharadas de aceite
4 dientes de ajo, machacados
400 g/13 oz de carne magra de cerdo, picada
2 pimientos rojos o verdes, picados
4 cebollas de rabo, picadas
4 cucharadas de salsa de pescado
4 cucharadas de salsa de tomate
375 g/12 oz de camarones cocidos, pelados
8 tazas/1 ½ kg/3 lb de arroz de grano largo cocido
2 huevos, ligeramente batidos

Preparación

1 Calentar el aceite en una sartén grande y freír el ajo y la carne de cerdo hasta que ésta se dore.

2 Agregar los pimientos, las cebollas de rabo, las salsas de pescado y de tomate, los camarones y el arroz. Cocer a fuego moderado 3 minutos.

3 Incorporar los huevos batidos mientras se revuelve. Mezclar todo suavemente. Tapar la sartén y cocinar 2-3 minutos, revolviendo una o dos veces.

Nota: Este arroz frito es perfecto para recibir muchos comensales. Resultan 8 porciones como plato principal o 10-12 cuando hay otros platillos, como en una fiesta. La receta se puede duplicar o dividir fácilmente.

8 porciones

ensalada
de mango y cerdo a la menta

Foto en página 71

ingredientes

1 cucharada de aceite
500 g/1 lb de carne magra de cerdo, molida
60 g/2 oz de castañas de agua en lata, picadas
2 tallos de hierba limón fresca, finamente picados, o 1 cucharadita de hierba limón seca, hidratada en agua caliente
2 cucharadas de jugo de lima
1 cucharada de salsa de pescado
60 g/2 oz de brotes de soja
3 cebollas de rabo, picadas
4 cucharadas de menta fresca picada
2 cucharadas de cilantro fresco picado
pimienta negra recién molida
250 g/8 oz de lechugas surtidas
2 mangos, pelados y rebanados
60 g/2 oz de avellanas, tostadas y picadas

Preparación

1 Calentar el aceite en un wok a fuego medio. Agregar la carne de cerdo, las castañas de agua y la hierba limón. Saltear 5 minutos, hasta que la carne se dore. Retirar del wok y dejar entibiar.

2 Colocar en un bol la preparación de cerdo, el jugo de lima y la salsa de pescado. Unir bien. Incorporar los brotes de soja, las cebollas de rabo, la menta, el cilantro y pimienta negra a gusto. Remover para mezclar.

3 Revestir una fuente con hojas de lechuga. Cubrir con los mangos y la preparación de cerdo. Esparcir las avellanas picadas.

Nota: Esta ensalada se puede elaborar hasta el paso 2 con varias horas de anticipación y reservar, tapada, a temperatura ambiente. Si se la prepara más de 2 horas antes de consumir, mantener en el refrigerador y retirar 30 minutos antes de presentar.

4 porciones

carne
en salsa picante

Preparación

1 Colocar en un bol la carne, el ajo, el jengibre y el curry. Mezclar bien.

2 En un wok calentar a fuego vivo ambos aceites. Agregar la preparación de carne y saltear 5 minutos, hasta que se dore. Retirar del wok y reservar.

3 Colocar la cebolla en el wok y saltear a fuego medio 3 minutos, hasta que se dore. Agregar los pimientos, el maíz baby y los brotes de bambú. Saltear 5 minutos más, hasta que los vegetales estén tiernos.

4 Volver a colocar la carne en la sartén. Agregar, revolviendo, la salsa de pescado, el azúcar y el caldo. Llevar a hervor suave. Cocinar a fuego lento, revolviendo de tanto en tanto, 10 minutos o hasta que la carne esté tierna.

Nota: *Cuando se trabaja con chile fresco, no acercar las manos a los ojos ni a los labios. Para evitar molestias y ardor es preferible usar guantes. Los chiles también se consiguen picados en frascos, en supermercados.*

6 porciones

ingredientes

750 g/1 ¹/₂ lb de nalga de res, en tiras
2 dientes de ajo, machacados
1 cucharada de jengibre fresco finamente rallado
1 cucharada de curry tailandés rojo en pasta
1 cucharada de aceite de ajonjolí
1 cucharada de aceite común
1 cebolla, en cascos
1 pimiento verde, picado
1 pimiento rojo, picado
440 g/14 oz de mazorcas de maíz baby en lata, escurridas
220 g/7 oz de brotes de bambú en lata, escurridos
1 cucharada de salsa de pescado tailandesa (nam pla)
1 cucharada de azúcar morena
¹/₂ taza/125 ml/4 fl oz de caldo de res

cerdo
con piña y albahaca

Preparación

1 Colocar en el procesador los chalotes, los chiles, la galanga o el jengibre, las hojas de lima, la hierba limón, el tamarindo, 1 cucharada de jugo de lima, el agua, la pasta de camarones y los camarones secos. Procesar hasta formar una pasta espesa. Agregar algo más de agua si fuera necesario.

2 Colocar la carne de cerdo en un bol. Agregar la pasta de especias y remover para cubrir bien la carne.

3 En un wok o sartén grande, calentar el aceite a fuego medio. Agregar el cerdo y saltear 5 minutos, hasta que despida aroma y esté apenas cocido.

4 Incorporar, mientras se revuelve, el azúcar, la crema y la leche de coco y la salsa de pescado. Cocinar a fuego lento, sin tapar, 8-10 minutos o hasta que la carne esté tierna.

5 Agregar la piña y el jugo de lima restante. Cocinar a fuego lento 3 minutos para que se caliente la piña. Agregar la albahaca y revolver.

4 porciones

ingredientes

4 chalotes rojos o dorados, picados
2 chiles rojos frescos, finamente picados
1 trozo de 3 cm/1 $^1/_4$ in de galanga fresca o jengibre, finamente picado, o 5 rebanadas de galanga en botella, picada
4 hojas de lima kaffir
1 tallo de hierba limón fresca, sólo la parte blanca tierna, finamente rebanado, o $^1/_2$ cucharadita de hierba limón seca, hidratada en agua caliente
1 cucharada de concentrado de tamarindo
2 cucharadas de jugo de lima
1 cucharada de agua
2 cucharaditas de pasta de camarones
1 cucharada de camarones secos
350 g/11 oz de solomillo de cerdo, en cubos de 3 cm/1 $^1/_4$ in
1 cucharada de aceite
1 cucharadita de azúcar morena o de palma
1 $^1/_2$ taza/375 ml/12 fl oz de crema de coco
$^1/_2$ taza/125 ml/4 fl oz de leche de coco
2 cucharadas de salsa de pescado tailandesa (nam pla)
$^1/_2$ piña pequeña (unos 200 g/ 6 1/2 oz) fresca, en tiras de 2 cm/$^3/_4$ in de ancho
60 g/2 oz de hojas de albahaca fresca

salteado
de carne y judías verdes

sabores exóticos

Preparación

1 *Calentar en un wok el aceite junto con el ajo, a fuego medio. Subir la llama y agregar la carne de res. Saltear 3 minutos o hasta que la carne cambie de color.*

2 *Agregar las judías verdes, las hojas de lima, el azúcar, la salsa de soja y la de pescado. Saltear 2 minutos hasta que las judías cambien de color. Agregar el cilantro y revolver. Servir de inmediato.*

Nota: La lima kaffir es un ingrediente muy popular en la cocina tailandesa. Tanto el fruto como las hojas tienen un sabor y un aroma característicos. Las hojas se venden secas, congeladas o frescas en tiendas de comida oriental y en algunas verdulerías. Si no se consiguen, emplear en su reemplazo cáscara de lima finamente rallada.

4 porciones

ingredientes

2 cucharaditas de aceite
2 dientes de ajo, machacados
500 g/1 lb de bistecs de nalga de res, en tiras finas
185 g/6 oz de judías verdes, cortadas de 10 cm/4 in de largo
2 hojas de lima kaffir, en hebras
2 cucharaditas de azúcar morena
2 cucharadas de salsa de soja liviana
1 cucharada de salsa de pescado tailandesa (nam pla)
2 cucharadas de hojas de cilantro

cordero
a la menta

Preparación

1 Cortar la berenjena en trocitos del tamaño de un bocado. Colocarlos en un colador y esparcir la sal. Mezclar bien y dejar drenar 20 minutos. Enjuagar con agua fría y escurrir bien.

2 Calentar el aceite en un wok o una sartén grande. Freír el cordero con el ajo hasta que se dore (puede ser necesario hacerlo por tandas). Añadir la berenjena y el chile. Saltear a fuego moderado 5 minutos.

3 Incorporar, revolviendo, el azúcar morena, el agua y las hojas de menta. Saltear 1 minuto más, o hasta que la berenjena se ablande.

4 Si la salsa espesa demasiado, agregar una pequeña cantidad de agua. Servir con arroz de grano largo cocido al vapor.

4 porciones

ingredientes

1 berenjena mediana
1 cucharada de sal
2 cucharadas de aceite
500 g/1 lb de carne magra de cordero, finamente rebanada
2 dientes de ajo, picados
1 chile rojo, sin semillas, picado
2 cucharadas de azúcar morena, bien compacta
$^1/_3$ taza/80 ml/2 $^1/_2$ fl oz de agua
20 hojas de menta fresca

curry de carne
distinto

Preparación

1 *Colocar en una olla grande el curry, la pasta de camarones, la leche de coco, la salsa de pescado, el azúcar, la carne, los maníes, la canela y el cardamomo. Mezclar bien. Llevar a hervor suave sobre fuego medio. Luego cocinar a fuego lento, sin tapar y revolviendo de tanto en tanto, 40 minutos o hasta que la carne esté tierna.*

2 *Agregar el tamarindo disuelto y revolver. Cocinar 5 minutos más. Antes de servir, retirar las ramas de canela y las vainas de cardamomo.*

4 porciones

ingredientes

2 cucharadas de curry mussaman en pasta
¹/₂ cucharadita de pasta de camarones
2 tazas/500 ml/16 fl oz de leche de coco
1 cucharada de salsa de pescado tailandesa (nam pla)
1 cucharada de azúcar
500 g/1 lb de nalga de res, en cubos de 2 cm/³/₄ in
155 g/5 oz de maníes tostados
2 ramitas de canela
5 vainas de cardamomo
2 cucharaditas de concentrado de tamarindo, disuelto en 2 cucharadas de agua caliente

curry de carne
con coco

Preparación

1 *Calentar el aceite a fuego medio en un wok. Agregar el curry y saltear 3 minutos o hasta que despida aroma. Incorporar la carne y saltear 5 minutos más, hasta que se dore.*

2 *Agregar la leche de coco y revolver. Llevar a hervor, bajar la llama y cocinar 15 minutos a fuego lento, revolviendo de tanto en tanto. Agregar las calabacitas, el pimiento rojo, los tomates y las cebollas de rabo. Cocinar 10 minutos más o hasta que la carne esté tierna. Agregar la hojas de albahaca, revolver y servir.*

4 porciones

ingredientes

1 cucharada de aceite
1 cucharada de curry tailandés rojo
500 g/1 lb de nalga de res, finamente rebanada
1 ¹/₂ taza/375 ml/12 fl oz de leche de coco
2 calabacitas, rebanadas
1 pimiento rojo, picado
125 g/4 oz de tomates cherry
4 cebollas de rabo, cortadas al sesgo
12 hojas de albahaca fresca

La cocina no es una ciencia exacta; para cocinar no se necesitan balanzas calibradas, pipetas graduadas ni equipamiento de laboratorio. Pero en algunos países, la conversión del sistema imperial al métrico o viceversa puede intimidar a muchos buenos cocineros.

En las recetas se indica el peso sólo para ingredientes tales como carnes, pescado, pollo y algunas verduras. Sin embargo, unos gramos (u onzas) en más o en menos no estropearán el éxito del plato.

Si bien estas recetas fueron probadas utilizando como estándares taza de 250 ml, cuchara de 20 ml y cucharita de 5 ml, también resultarán con tazas de 8 fl oz o de 300 ml. Se dio preferencia a las medidas indicadas según recipientes graduados en lugar de las expresadas en cucharadas, de modo que las proporciones sean siempre iguales. Cuando se indican medidas por cucharadas no se trata de ingredientes críticos, de manera que emplear cucharas algo más pequeñas no afectará el resultado de la receta. En el tamaño de la cucharita, al menos, todos coincidimos.

En cuanto a los panes, pasteles y tartas, lo único que podría causar problemas es el empleo de huevos, ya que las proporciones pueden variar. Si se trabaja con una taza de 250 ml o 300 ml, utilizar huevos grandes (60 g/2 oz); con la taza de 300 ml puede ser necesario agregar un poco más de líquido a la receta; con la taza de 8 fl oz, utilizar huevos medianos (50 g/1 $^3/_4$ oz). Se recomienda disponer de un juego de tazas y cucharas medidoras graduadas, en particular las tazas para medir los ingredientes secos. Recuerde rasar los ingredientes para asegurar la exactitud en la medida.

Medidas norteamericanas

Se supone que una pinta americana es igual a 16 fl oz; un cuarto, a 32 fl oz y un galón, a 128 fl oz. En el sistema imperial, la pinta es de 20 fl oz; el cuarto, de 40 fl oz y el galón, de 160 fl oz.

Medidas secas

Todas las medidas se consideran al ras. Cuando llene la taza o cuchara, rase el nivel con el filo de un cuchillo. La escala que se presenta a continuación es de "equivalentes para cocinar", no es la conversión exacta del sistema métrico al imperial. Para calcular las equivalencias exactas, use la proporción de 2,2046 lb = 1 kg o 1 lb = 0,45359 kg.

Métrico	Imperial	
g = gramos	oz = onzas	
kg = kilogramos	lb = libras	
15 g	$^1/_2$ oz	
20 g	$^2/_3$ oz	
30 g	1 oz	
60 g	2 oz	
90 g	3 oz	
125 g	4 oz	$^1/_4$ lb
155 g	5 oz	
185 g	6 oz	
220 g	7 oz	
250 g	8 oz	$^1/_2$ lb
280 g	9 oz	
315 g	10 oz	
345 g	11 oz	
375 g	12 oz	$^3/_4$ lb
410 g	13 oz	
440 g	14 oz	
470 g	15 oz	
1000 g -1 kg	35,2 oz -2,2 lb	
1,5 kg	3,3 lb	

Temperatura del horno

Las temperaturas Celsius que damos no son exactas; están redondeadas y se incluyen sólo como guía. Siga la escala de temperaturas del fabricante de su horno, cotejando con el tipo de horno que se describe en la receta. Los hornos de gas calientan más en la parte superior; los hornos eléctricos, más en la parte inferior, y los hornos por convección suelen ser parejos. Incluimos la escala Regulo para cocinas de gas, que puede ser de utilidad. Para convertir grados Celsius a Fahrenheit, multiplique los °C por 9, divida por 5 y luego sume 32.

Temperaturas del horno

	°C	°F	Regulo
Muy bajo	120	250	1
Bajo	150	300	2
Moderada-mente bajo	160	325	3
Moderado	180	350	4
Moderada-mente alto	190-200	370-400	5-6
Caliente	210-220	410-440	6-7
Muy caliente	230	450	8
Máximo	250-290	475-500	9-10

Medidas de moldes redondos

Métrico	Imperial
15 cm	6 in
18 cm	7 in
20 cm	8 in
23 cm	9 in

Medidas de moldes rectangulares

Métrico	Imperial
23 x 12 cm	9 x 5 in
25 x 8 cm	10 x 3 in
28 x 18 cm	11 x 7 in

Medidas de líquidos

Métrico	Imperial	Taza y cuchara
ml	fl oz	
mililitros	onzas líquidas	
5 ml	1/6 fl oz	1 cucharadita
20 ml	2/3 fl oz	1 cucharada
30 ml	1 fl oz	1 cucharada más 2 cucharaditas
60 ml	2 fl oz	1/4 taza
85 ml	2 1/2 fl oz	1/3 taza
100 ml	3 fl oz	3/8 taza
125 ml	4 fl oz	1/2 taza
150 ml	5 fl oz	1/4 pinta
250 ml	8 fl oz	1 taza
300 ml	10 fl oz	1/2 pinta
360 ml	12 fl oz	1 1/2 taza
420 ml	14 fl oz	1 3/4 taza
500 ml	16 fl oz	2 tazas
600 ml	20 fl oz - 1 pinta	2 1/2 tazas
1 litro	35 fl oz - 1 3/4 pinta	4 tazas

Medidas por tazas

Una taza de los siguientes ingredientes equivale, en peso, a:

	Métrico	Imperial
Albaricoques secos, picados	190 g	6 oz
Almendras enteras	155 g	5 oz
Almendras fileteadas	90 g	3 oz
Almendras molidas	125 g	4 oz
Arroz cocido	155 g	5 oz
Arroz crudo	220 g	7 oz
Avena en hojuelas	90 g	3 oz
Azúcar	250 g	8 oz
Azúcar glass, tamizada	155 g	5 oz
Azúcar morena	155 g	5 oz
Cáscara de cítricos confitada	220 g	7 oz
Chocolate en trocitos	155 g	5 oz
Ciruelas secas, picadas	220 g	7 oz
Coco deshidratado	90 g	3 oz
Hojuelas de maíz	30 g	1 oz
Frutas desecadas (surtidas, pasas de uva)	185 g	6 oz
Frutas secas, picadas	125 g	4 oz
Germen de trigo	60 g	2 oz
Grosellas	155 g	5 oz
Harina	125 g	4 oz
Jengibre confitado	250 g	8 oz
Manzanas secas, picadas	125 g	4 oz
Materia grasa (mantequilla, margarina)	250 g	8 oz
Miel, melaza, jarabe de maíz	315 g	10 oz
Pan seco molido, compacto	125 g	4 oz
Pan seco molido, suelto	60 g	2 oz
Queso rallado	125 g	4 oz
Semillas de ajonjolí	125 g	4 oz

Longitud

A algunos les resulta difícil convertir longitud del sistema imperial al métrico o viceversa. En la escala siguiente, las medidas se redondearon para obtener números más fáciles de usar.

Para lograr la equivalencia exacta de pulgadas a centímetros, multiplique las pulgadas por 2,54, en virtud de lo cual 1 pulgada es igual a 25,4 milímetros y un milímetro equivale a 0,03937 pulgadas.

Métrico	Imperial
mm = milímetros	in = pulgadas
cm = centímetros	ft = pies
5 mm - 0,5 cm	1/4 in
10 mm - 1,0 cm	1/2 in
20 mm - 2,0 cm	3/4 in
2,5 cm	1 in
5 cm	2 in
8 cm	3 in
10 cm	4 in
12 cm	5 in
15 cm	6 in
18 cm	7 in
20 cm	8 in
23 cm	9 in
25 cm	10 in
28 cm	11 in
30 cm	1 ft, 12 in

índice

Introducción	**4**
Guía para comprar carne	**5**
Técnicas de cocción	**6**
Deleites saludables	**8**
Brochetas de ternera y albaricoque	19
Carne a la cerveza	14
Carne envuelta en masa	16
Carpaccio con mayonesa a la mostaza	25
Cerdo guisado con manzana	21
Cordero con salsa satay	18
Costillar de cerdo oriental	27
Costillitas de cerdo a la plancha	22
Kebabs de cerdo y naranja	10
Ossobuco	10
Pastel de carne y riñones	15
Pastel del pastor	23
Risotto de salchicha y tocino	20
Rollitos frutales de cerdo	24
Sopa con albóndigas a la albahaca	12
Sopa de cordero al curry	11
Sopa de guisantes con jamón	12
Strudel de cordero y espinaca	26
Cocina campestre	**28**
Cerdo con chucrut	30
Cocido de carne	30
Cordero a la cacerola con hortalizas	37
Guiso de cordero y verduras	38
Pastel de carne y hongos	34
Pastel de cerdo a la inglesa	32
Pasteles de cornualles	36
Pasteles individuales de carne	39
Sopa de guisantes y salame	33
Sopa de tocino y papa	31
Platillos rendidores	**40**
Asado familiar	49
Carne en su caldo	48
Chuletas de ternera con tomates secos	45
Curry dulce de carne	43
Ensalada de espinaca y burgol	51
Escalopes gratinados	46
Goulash de ternera	44
Paella familiar	50
Pan crujiente de carne	47
Piccata de ternera	42
Pilau de cordero con almendras	42
Barbacoas	**52**
Bistecs de lomo borrachitos	62
Brochetas de cerdo con salsa	63
Carne asada a la miel	55
Cerdo con hierbas y especias	60
Chuletas dulzonas con romero	56
Cordero a fuego lento	59
Cordero glaseado a la barbacoa	58
Costillar de cerdo glaseado	54
Hamburguesas italianas	57
Kebabs de cerdo californianas	61
Salchichas a la barbacoa	54
Sabores exóticos	**64**
Arrolladitos primavera de cerdo	68
Arroz frito tailandés	70
Carne en salsa picante	72
Carne especiada a la parrilla	67
Cerdo con piña y albahaca	73
Cordero a la menta	75
Curry de carne con coco	77
Curry de carne distinto	76
Ensalada de mango y cerdo a la menta	70
Ensalada tibia de cordero	66
Fideos fritos tailandeses	66
Hojaldrinas de carne	68
Salteado de carne y judías verdes	74
Pesos & medidas	**78**